MADAGASCAR

LA DERNIÈRE EXPÉDITION

de Majunga à Tananarive

PAR

Ch. BELLANGER

Officier d'Académie

Auteur d'une histoire et géographie des Colonies de la France, honorée des souscriptions de MM. les Ministres de la Marine, de l'Instruction publique et des Travaux publics.

GAP

Imprimerie et librairie A. VOLLAIRE et Ce, rue Carnot

1895

MADAGASCAR

MADAGASCAR

LA DERNIÈRE EXPÉDITION

de Majunga à Tananarive

PAR

Ch. BELLANGER

Officier d'Académie

Auteur d'une histoire et géographie des Colonies de la France, honorée des souscriptions de MM. les Ministres de la Marine, de l'Instruction publique et des Travaux publics.

GAP

Imprimerie et librairie A. VOLLAIRE et Ce, rue Carnot

1895

DU MÊME :

Mémoire sur la ville de Vannes.

Un peu de tout, poésies intimes.

Pierre Thévenin, comédie en trois actes, en prose.

1870-1883, Ode à Victor Hugo.

Fleur des Mers, poème (Ghio, éditeur, Paris).

Histoire et Géographie des Colonies de la France (Deutu, éditeur, Paris)..... etc.

AVANT-PROPOS

Depuis la fin du règne de Louis XVI, jusqu'à nos jours, la France semblait avoir abandonné tout projet d'expansion en dehors du continent.

Les brillants combats que nos marins soutinrent contre les Anglais, à cette époque qui vit l'aurore de la grande république américaine, n'eurent pas de résultats appréciables pour nous.

L'orage de la Révolution grondante étouffait déjà le bruit des canons de Suffren. Le Consulat et l'Empire, assaillis de tous côtés par l'Europe coalisée, abandonnaient Saint Domingue et vendaient la Louisiane pour quelques millions.

L'Algérie, dont la conquête débuta par la prise d'Alger en 1830, au moment même où Charles X était chassé du trône, fut longtemps considérée comme une contrée inhospitalière et improductive. Pépinière de généraux, disait on. Louis-Philippe, *qui n'aimait pas les affaires*, voulait l'abandonner.

Aujourd'hui, l'Algérie prolonge tout simplement la France; Alger n'est plus qu'une succursale de Marseille; des bords de la Méditerranée aux confins du désert, 260,000 français ensemencent et cultivent ce sol qui fut le grenier de l'ancienne Rome.

La Cochinchine, conquise de 1859 à 1867, comptait pour une région insalubre, stérile, marécageuse, où pullulaient les fonctionnaires mais où dépérissaient les colons.

Actuellement Saïgon a 170,000 habitants et le budget de la colonie est des plus florissants.

Vers 1881, la France ayant pansé ses blessures de 1870, réorganisé son armée sur un pied formidable, se reprit tout entière. Sous l'impulsion d'hommes d'État avisés et d'ardents patriotes parmi lesquels il convient de citer en première ligne MM. J. Ferry, Étienne, de Mahy, Delcassé. Deloncle, Hanotaux, Le Myre de Vilers, elle songea enfin à étendre son domaine d'outre-mer et à redevenir une grande puissance coloniale comme sa situation politique le comporte et comme l'intérêt de sa marine l'exige.

En moins de soixante ans, nous sommes parvenus, malgré des désastres inoubliables et immérités, à nous tailler dans le monde un empire colonial qui ne le cède en importance et en étendue qu'à celui de l'Angleterre dont la situation exceptionnelle permet toutes les audaces.

Si l'incurie coupable de Louis XV nous a fait perdre, au siècle passé, malgré l'héroïsme des Dupleix, des La Bourdonnais, des Montcalm et des Lally-Tollendal, nos magnifiques possessions de l'Inde et de l'Amérique du Nord, nous nous sommes installés depuis, en Algérie, en Cochinchine, à la Nouvelle-Calédonie, à Taïti, au Tonkin et au Dahomey ; nous exerçons notre protectorat sur la Tunisie, pays d'avenir par excellence, sur l'Annam, le Cambodge et les Comores ; nous avons étendu considérablement notre sphère d'action au Sénégal et au Soudan, nos troupes campent aujourd'hui à Tombouctou ; le Congo a été conquis par de Brazza sans un coup de fusil ; le commandant Monteil est allé jusqu'au lac Tchad, au cœur de l'Afrique.

Avec nos anciennes colonies de la Réunion, du Sénégal, des Antilles et de la Guyane, nous possédons ou nous protégeons, ce qui est à peu près la même chose, un empire colonial peuplé de plus de 40.000,000 d'hommes et qui présente une superficie de près de 8,000,000 de kilomètres carrés.

On voit que le champ d'exploitation ouvert à nos commerçants, à nos industriels et à nos agriculteurs est immense.

La conquête de Madagascar vient de l'agrandir encore.

Ce sera l'éternel honneur de la troisième République d'avoir doté la France d'un domaine colonial plus vaste qu'à aucune autre époque.

Gap, octobre 1895.

C. BELLANGER.

APERÇU HISTORIQUE & GÉOGRAPHIQUE

—×—

Madagascar (1) est connue depuis la plus haute antiquité. Les Grecs, les Romains et les Arabes en parlent; Marco Polo, célèbre voyageur vénitien du XIIIe siècle, la cite en détail dans ses ouvrages; Diégo Suarez et Almeïda Lorenzo, qui l'appela île de Saint-Laurent, explorent ses côtes au commencement du XVIe siècle; enfin les Français s'y établissent pour la première fois en 1642 et y fondent Fort-Dauphin au Sud-Est. On possède quelques anciennes cartes de la grande île africaine naïvement imagées et datant du règne de Louis XII.

Notre nation s'intéresse donc à Madagascar depuis plus de quatre cents ans.

La Compagnie des Indes, représentée dans ces parages par de Pronis, Flaccourt et Chamargon, eut à repousser plusieurs attaques des naturels et Fort Dauphin. sauvé une première fois par Flaccourt, ne dut son salut, en 1652, qu'à l'intervention d'un français, Levacher dit Lacase, qui, de simple soldat, était devenu roi d'une tribu de Malgaches et avait épousé la fille du souverain d'Amboule.

La colonie végéta en paix jusqu'en 1667. A cette époque un soulèvement général des Indigènes nous chassa de Fort-Dauphin; tous les français qui s'y trouvaient furent massacrés. Au nombre des victimes fut l'héroïque Lacase. La Compagnie découragée vendit ses droits à la Couronne.

Néanmoins tout projet de colonisation fut abandonné pen-

(1) Un grand nombre de cartes de Madagascar d'un prix modique ayant été publiées dans ces derniers temps nous avons jugé superflu d'en joindre une à cette relation.

dant un siècle. De nouvelles tentatives avaient échoué en 1768. C'est alors que la Compagnie des Indes s'installa à Sainte-Marie, petite île située à quelques kilomètres de la côte Nord-Est de Madagascar et dont les côtes offrent d'excellents mouillages. Le nom primitif de cette île « Nossi-Ibrahim » prouve bien l'existence d'une ancienne domination Arabe. Fort-Dauphin, notre premier établissement, fut donc délaissé.

Depuis lors, jusqu'en 1814, aucun évènement important ne se passa dans ces parages. Cependant la Convention, au milieu des angoisses d'une guerre d'extermination et des dissensions qui la déchiraient, songeait à conclure un traité d'alliance avec un des principaux rois de Madagascar, Zaca-Vola, et dans sa séance du 13 avril 1793 lecture fut faite d'un document qui annonçait que le drapeau tricolore avait été planté à Madagascar et bien accueilli par les habitants.

Plus tard, des marins français avaient conseillé à Napoléon de s'emparer de Madagascar qui pouvait remplacer avantageusement Saint Domingue perdue pour nous. Malheureusement, l'empereur avait d'autres soucis et il ne fut pas donné de suite à ce projet. L'amiral Hamelin avait toutefois occupé Foulpointe et Tamatave. Comme le traité de 1815 ne stipulait rien au sujet de Madagascar, à laquelle les Anglais ne pensaient pas alors, sans doute parce qu'ils nous croyaient incapables de nous y établir solidement, nous continuâmes à considérer comme nôtres les différents postes que nous avions créés. Mais les Anglais ne tardèrent pas à s'introduire dans l'île et, à force de promesses et de cadeaux, réussirent à s'emparer de l'esprit du roi des hovas, Radama, qui, avec leur aide, étendit son pouvoir sur la presque totalité de l'île, poursuivant ses conquêtes jusqu'à la limite de nos établissements.

Radama, encouragé par des succès faciles, nous chassa successivement de Foulpointe, de Pointe Larrée, de Tintingue et de Fort-Dauphin. Les Chefs de notre colonie ainsi que leurs soldats étaient morts, décimés par la maladie, et aucune vengeance ne fut tirée de ces insultes pendant plusieurs années.

Cependant un ancien soldat du premier Empire, nommé Robin, avait su par sa bravoure et ses services, s'attirer les bonnes grâces de Radama et contrebalancer l'influence anglaise, lorsque ce souverain remarquable mourut empoisonné (1828).

La reine Ranavalo Manjoka, qui avait trempé dans la mort de Radama, à l'instigation de son amant, un élève distingué des missionnaires Anglicans, lui succéda. Alors l'influence de l'Angleterre prévalut. Les exécutions commencèrent, le sang coula à flots et Sainte-Marie devint le refuge des malheureux que poursuivait la haine de Ranavalo.

Le gouvernement français finit par s'émouvoir. En 1829, une division composée d'une frégate et de plusieurs corvettes, sous les ordres de l'amiral Tourbeyre, s'empara de Tintingue et de Tamatave après des combats meurtriers où le petit corps de débarquement, fort de trois cents hommes à peine, fit des prodiges de valeur. Nous échouâmes cependant devant Foulpointe, grâce à une ruse des hovas qui, cachés dans les bois, nous foudroyèrent avec huit pièces de canons chargés à mitraille. On se décida à ne pas pousser plus avant. Les maladies devinrent ensuite de précieux auxiliaires pour les hovas et, dès 1831, les derniers soldats français qui occupaient Tintingue se retirèrent à Sainte Marie.

Malgré tout, nous ne perdions pas de vue nos droits sur les différents points de la côte où nos pères avaient créé des établissements et nous recherchâmes l'alliance des Sakalaves persécutés par les Hovas et impuissants à se défendre seuls contre eux. Le 14 juillet 1840, la reine des Sakalaves, Tsiouméka, céda solennellement à la France tous ses droits de suzeraineté sur les pays situés sur la côte Ouest de Madagascar, depuis la baie de Passandava jusqu'au cap Saint Vincent ainsi que sur les îles de Nossi Bé et de Nossi-Kumba. Quelques années plus tard, en 1846, le chef de la province du Nord-Est, ainsi que d'autres chefs réfugiés à Nossi Bé, cédèrent à la France tous leurs droits personnels. La cession de ces territoires fut confirmée en 1848 par le prince Tsimandrou et la reine Panga.

Le 15 juin 1846, deux navires de guerre français, le *Berceau* et la *Zélée* et un navire anglais *the Conovay*, ayant à leur bord des compagnies de marine, s'emparèrent de Tamatave à la suite du refus de la reine Ranavalo de recevoir les messages des commandants de l'escadre alliée. Les Hovas se défendirent courageusement derrière leurs ouvrages en terre mais ils ne purent résister à l'élan furieux de nos marins et de nos marsouins. Ce fut un aspirant de la marine française, de Grandville, qui, après une lutte corps à corps, s'empara du drapeau hova. Cette journée nous coûta dix-neuf morts et quarante blessés. Parmi les blessés était l'intrépide de Grandville qui eut dans cette affaire une conduite véritablement héroïque. Grimpé sur les épaules de quelques marins anglais et français il arrache le pavillon hova mais une balle le frappe au même instant « il est juste que nous le partagions, dit-il » et il déchire le drapeau en deux parties égales, en donne une aux anglais, tend l'autre aux français et tombe. L'enseigne Bertho veut saisir le glorieux trophée mais il est tué d'un coup de lance qui le cloue contre la porte du fort. Ce malheureux jeta le drapeau à ses hommes et eut encore la force de crier : « Vive le Roi ! vive la France ! »

En 1860 les traités conclus par le commandant, Fleuriot de Langle, avec les chefs de la côte Sud Ouest ouvrirent au commerce français, en franchise de droits d'ancrage, les baies et ports de Mazi-Roura, Salor, Saint-Augustin, Tolia et Manambou. Enfin, en août 1868, un traité, signé entre nous et le gouvernement de Tananarive, reconnaissait à la France le droit de fonder des établissements dans l'île, d'acquérir et d'y prendre à bail des immeubles. Protection pour leurs personnes, leurs familles et leurs biens était formellement promise.

Les Hovas, avec leur duplicité habituelle, violèrent ce traité de plusieurs façons. En 1878, lorsque M. Laborde, consul de France à Tananarive, mourut, les Hovas refusèrent de rendre compte aux héritiers de notre compatriote des biens immeubles qu'il possédait à Madagascar. Sous l'inspiration de l'Angleterre qui, par ses missionnaires méthodistes, s'est emparé du moral des populations, la reine Ranavalo prit vis-à-vis de nous une attitude franchement hostile. Non contents de déchirer le traité de 1868, ses ministres interdirent aux Malgaches, sous peine de dix ans de fer et même des fers à vie, de vendre leurs terres aux étrangers, c'est à dire aux Français.

L'insolente prétention des Hovas d'arborer leur pavillon sur les territoires du Nord et des îles voisines qui, sans parler de nos droits anciens, nous appartiennent légitimement depuis 1840, ajouta à l'émotion causée par l'affaire Laborde et décida le gouvernement à agir plus vigoureusement que par le passé. Vers cette même époque les Hovas cherchèrent également à établir leur domination sur les côtes de l'Ouest et du Sud Ouest, mais ils trouvèrent les peuplades de Baly prêtes à leur résister et renoncèrent à leurs belliqueux projets.

Le 25 avril 1882 M. de Freycinet écrivit à notre consul à Tananarive de faire des représentations amicales à la Cour d'Emyrne ; mais celle-ci joua l'étonnement, traîna les choses en longueur puis finalement refusa d'enlever le pavillon hova des points contestés ; elle nia même nos droits sur la côte Ouest.

Devant l'attitude menaçante de la population, notre consul, M. Baudrais, fut obligé de quitter Tananarive ; il arriva à Tamatave le 29 mai. Un de nos compatriotes, M. Campan, menacé de mort, fut forcé de prendre également la fuite. Peu de jours après leur départ, on trouva sur la route de Tananarive le corps mutilé d'un français appartenant à la Compagnie Roux et Fraissinet de Marseille.

A la suite de ces tristes évènements le capitaine de vaisseau, Timbre, commandant *Le Forfait*, enleva sans coup férir le drapeau hova planté à Ampassimène, village de la reine Binao, dans la baie de Passandava et à Behamaranga, puis rentra à Nossi Bé.

Effrayés par cet acte de vigueur, les Hovas envoyèrent à Paris et à Londres une ambassade qui ne produisit aucun résultat et qui reçut même de notre gouvernement un accueil plus que froid.

L'organisation d'une division navale fut alors décidée et le commandement en fut confié à l'amiral Pierre qui devait mourir avant d'avoir pu frapper le grand coup qu'il méditait et qui eût probablement mis fin pour toujours aux difficultés que nous avons eu à combattre depuis.

Le 15 février 1883, l'amiral, muni des instructions du Gouvernement, partait de Toulon sur *La Flore* et dès le 18 mai s'emparait de vive force de Majunga défendue par plus de 2,000 hovas. Arrivé en rade de Tamatave, il adressa un ultimatum à Ranavalo, lui demandant satisfaction pour les héritiers Laborde et l'invitant à reconnaître nos droits. Les Hovas ayant refusé d'accepter nos propositions, *La Flore*, le *Forfait*, le *Boursaint*, le *Beautemps-Beaupré*, la *Nièvre* et la *Creuse* ouvrirent le feu sur le port et les batteries de Tamatave. Le bombardement dura toute la journée du 10 juin. Le lendemain les marins et 400 hommes d'infanterie de marine descendirent à terre et occupèrent la ville sans rencontrer de résistance. Tamatave et Majunga furent occupées par nos troupes.

Le traité conclu le 17 décembre 1885 entre le gouvernement de la République française et celui de la reine de Madagascar, représentés, le premier par l'amiral Miot et M. Patrimonio, ministre plénipotentiaire, le second par le général Digby Willougby, commandant des troupes malgaches, mit les hovas sous le protectorat de la France. Malheureusement les conditions dans lesquelles devait s'effectuer ce protectorat furent mal définies.

D'ailleurs ce traité a été continuellement violé par les Hovas dont l'insolence dans ces dernières années n'avait plus de bornes. Une expédition à Tananarive même pouvait seule avoir raison de nos implacables ennemis et nous assurer la paisible possession de cette grande île, l'une des plus belles et des plus grandes du monde, la perle de l'Océan Indien, comme l'a dit tout dernièrement un célèbre explorateur allemand.

Madagascar, en effet, qui est à 650 kilomètres de la Réunion, à 350 kilomètres seulement de la côte orientale d'Afrique, du cap Saint-André à Mozambique, et à vingt-et-un jours de Toulon, a 1,500 kilomètres de longueur sur 400 à 450 de largeur moyenne et une superficie d'environ 670,000 kilomètres carrés, bien supérieure à celle de la France qui n'est que de 528,000. C'est la plus grande île du monde après Bornéo et la Nouvelle-Guinée ; elle égale en surface les territoires réunis de la France, de la Belgique et de la Hollande.

Sa population, qui comprend trois races principales, les

Malgaches à l'Est, les Sakalaves à l'Ouest et les Hovas (1) sur les hauts plateaux de l'intérieur, s'élève à 5 ou 6,000,000 d'habitants. Ces trois races principales se subdivisent en plusieurs tribus de mœurs différentes : à l'Est, se trouvent les Antavarts, les Betsimiosaracas, les Bétanimènes ; au Sud, les Mahafates, les Caremboules, les Ampatris, les Antanasses; à l'Ouest, les Buques ; au Nord, les Antakars et les Sikanakas.

La langue des Hovas est assez simple bien que la longueur de certains mots nous effraie tout d'abord ; elle s'écrit avec des caractères latins ce qui en rend pour nous l'étude relativement facile. Comme toutes les langues dont les désinences ne varient pas, le Malgache se prête mal aux inversions. Dans la phrase, l'idée générale précède toujours l'idée particulière qui la détermine ; ainsi au lieu de dire, comme nous : Cent villes, le Malgache dit : villes cent. Tananarivo (Tananarive) veut dire : villages mille.

Les verbes sont accompagnés de préfixes et de suffixes, moins nombreux qu'en français cependant, qui en rendent l'emploi assez ardu. Voici, à titre de curiosité, quelques mots et lambeaux de phrases, pris au hasard, de cette langue presque inconnue avec laquelle nos soldats se sont vite familiarisés.

Farantsy tsy (je suis français) ; Avia lela (montrez la langue); Andaho tsika (partons ; Mafana my andro (il fait chaud) ; Manara my andro (il fait froid) ; Alahadi (dimanche) ; Arietop (allume du feu) ; Missandrilan (adorer Dieu); Ady (bataille) ; Milefa (se sauver) ; Mangetaheta (j'ai soif) ; Han (vivres) ; Milay (appareiller) ; Saffar (avril) ; Falissan (bonjour) ; Farara (trompette) ; Fat (mort) ; Drak-Drak (canard) ; Mosaryaho (j'ai faim) ; Haso (la fièvre), le grand général des Hovas.

Les règles de la langue malgache, au moins les principales, dérivent de l'influence portugaise de 1506 à 1640 et de l'influence française de 1645 jusqu'à nos jours. De Flaccourt et le P. Weber, missionnaire catholique, sont les premiers

(1) D'après M. Grandidier, le nom de la nation de race Malaise à laquelle appartiennent les Hovas est Mérina. Ce n'est qu'à la fin du XVIIIe siècle que les Mérinas, qui sont aujourd'hui au nombre d'un million, ont pris place dans l'histoire de la grande île.

Français qui se soient occupés de réglementer la langue malgache.

Les Hovas sont intelligents mais ils ont, paraît il, beaucoup de défauts ; on les dit fourbes, menteurs, paresseux, ivrognes et s'il faut croire le *Pall-Mall-Gazette*, très cruels. Ce journal raconte qu'un de ses correspondants assista à un supplice affreux infligé par des Hovas à trois prisonniers. Il a vu ces malheureux enfouis dans la terre jusqu'au cou : leurs têtes, qui seules émergeaient, formaient un triangle au milieu duquel un feu ardent était allumé ; on voyait les faces se tuméfier, on entendait les chairs crépiter ; malgré l'horreur de cet abominable spectacle, les bourreaux continuaient froidement, insensibles aux hurlements des martyrs, à alimenter le brasier jusqu'à ce que les têtes fussent entièrement carbonisées. C'est horrible ! Mais, si le fait est vrai, que penser de cet Anglais qui, lui aussi, assista impassible à cette odieuse et ignoble exécution !

Le fétichisme le plus grossier est le fond de la religion des peuplades de Madagascar. Cependant, depuis 1868, le culte officiel est le presbytérianisme, ouvrage des missionnaires anglais. Dix mille individus professent le catholicisme. Il est hors de doute que ce nombre ira en augmentant dès que nos missionnaires pourront accomplir leur apostolat pacifique sous la protection effective de nos administrateurs.

L'île de Madagascar située par 41° 20' et 48° 50' de longitude Est et 12° 12' et 25° 45' de latitude Sud, est traversée du Sud au Nord par une double chaîne de montagnes dont les sommets culminants s'élèvent jusqu'à 3 200 m. au-dessus du niveau de la mer. Tananarive, la capitale, se trouve à une altitude de 1420 mètres. De nombreuses rivières, dont la plus importante est l'Ikopa qui se jette dans la mer à Majunga, la sillonnent de toutes parts. C'est un des pays les mieux arrosés de la terre. L'île renferme aussi de grands lacs très poissonneux et d'immenses forêts peuplées de myriades d'oiseaux aux brillantes couleurs. La végétation y est exubérante, la flore plus riche et plus variée que partout ailleurs. Aux environs de Fort-Dauphin se trouvent des forêts, d'ailleurs exploitées, où l'on a compté jusqu'à 79 essences différentes de bois excellent.

Madagascar produit toutes les plantes, tous les fruits qu'on trouve sous les climats les plus divers. On y récolte du maïs, du blé, du riz, de l'orge, du millet, du manioc, des pommes de terre, des ignames, des fèves, des légumes de toutes sortes, du poivre, du gingembre, des bananes, des cocos, des dattes, des ananas, des figues, des grenades, des oranges, des citrons, de la cannelle, du tabac et du café ! Sur les hauteurs moyennes la vigne réussirait très bien comme la canne à sucre dans les plaines, surtout sur le versant oriental qui est d'ailleurs la partie la plus verdoyante et la plus riche de l'île. Sur le versant occidental et dans le Sud on rencontre souvent de vastes plaines arides ou des amoncellements de montagnes rocheuses et dénudées.

Dans la partie centrale, qui est très saine et où le climat est tempéré, on trouve d'excellents pâturages. Les bœufs (zébus) sont un article d'exportation assez important. Le paysan malgache élève aussi des moutons d'une espèce particulière (moutons à grosse queue), des onagres (espèce d'ânes aux oreilles très longues), des porcs, de la volaille, des abeilles, des vers à soie et jusqu'à de grandes araignées fileuses qui produisent, dit-on, une soie magnifique. Peut être le bombyx sera t il un jour détrôné par Arachné. Nos mondaines pourront alors porter des bas et des gants en soie d'araignée.

La faune de Madagascar a des rapports beaucoup plus intimes avec celle de l'Asie qu'avec celle de l'Afrique. Cette singularité fait l'étonnement de tous les naturalistes.

Les animaux féroces, tels que le tigre et le lion n'existent pas à Madagascar. On y rencontre plusieurs espèces de singes, entre autres le maki, grand singe au pelage noir et blanc, l'hippopotame, des caïmans, des serpents assez inoffensifs et de grands chats sauvages qui se nourrissent d'oiseaux. Il s'y trouve une espèce de singe qui pendant la mauvaise saison s'enferme dans un trou de rocher et se nourrit de la graisse contenue dans sa propre queue. Cette queue très volumineuse au moment de la claustration est réduite à rien quand l'animal sort de sa prison volontaire. Ce singe a pour vivre un moyen vraiment économique dont le roi de la création est malheureusement privé et qui est bien supérieur à celui de nos plus fameux jeûneurs de profession.

L'ennemi le plus énervant, sinon le plus redoutable, pour les Européens est la mouke, sorte de petit taon de la grosseur d'un moucheron dont la piqûre est très douloureuse. Cet insecte pullule dans la baie de Bombetoke et dans la vallée de l'Ikopa. Il y fait une concurrence acharnée aux moustiques et aux fourmis. Dans l'intérieur, sur le plateau central, on est assailli par les puces. Mais cet ennemi n'existe pas seulement à Madagascar et tout le monde connaît le moyen de s'en débarrasser.

Le sol de Madagascar, qu'on commence à exploiter, mais bien timidement, contient du fer de bonne qualité, du cuivre, du plomb argentifère, de l'or, de l'étain, du mercure, du kaolin, du sel gemme, de la houille, surtout au Nord-Ouest, et des eaux thermales. Au moment où nous avons rompu toutes relations avec les Hovas les établissements miniers de Suberbieville, sur les rives de l'Ikopa, étaient en pleine prospérité.

Les importants gisements d'or qui existent à Madagascar seront, suivant l'expression de l'explorateur Grandidier, le coffre fort d'où l'on tirera l'argent nécessaire à l'exécution des routes et des chemins de fer, sans lesquels la mise en valeur de cette grande île serait impossible.

Que de richesses à exploiter ! Combien nous eussions été fous d'abandonner à une autre nation cette inépuisable mine de ressources futures ! Puisse notre faible voix être entendue par ces agriculteurs pauvres mais énergiques, qui quittent chaque année la France pour aller chercher la fortune dans l'Amérique du Sud, alors que le plus souvent ils n'y trouvent que la misère ou la mort, et les décider à se diriger vers ces terres fécondes qu'ils pourront cultiver en paix, à l'ombre du drapeau de la Patrie.

Voici qu'elle a été l'importance du commerce de Madagascar avec la France pendant l'année 1893 : les importations se sont élevées à un million deux cent mille francs et les exportations à six millions. Nous expédions à Madagascar du savon (en 1892, Marseille y a expédié 90.000 kilos de savon), de l'huile d'olive, de la bière, du cognac, du sel, des pâtes alimentaires, des bougies, des gants, de la parfumerie, des briques et des tuiles.

Le long des côtes de Madagascar, surtout sur le versant Oriental, règnent des fièvres paludéennes dues à l'existence de nombreux marécages. Nul doute qu'en procédant comme nous l'avons fait en Cochinchine, mais sur une plus grande échelle, nous n'arrivions à supprimer, au moins en grande partie, la cause de ce mal tant redouté par les Européens.

Quoiqu'il en soit, le climat de Madagascar ne mérite pas la mauvaise réputation que lui ont faite certains voyageurs intéressés peut-être à nous en éloigner. Avec quelques précautions on peut parfaitement y vivre. Les maladies spéciales aux pays chauds, le typhus, le vomito négro, la fièvre jaune, la dysenterie y sont inconnues; la lèpre et l'éléphantiasis y sont endémiques mais ces affreuses maladies ne frappent que les indigènes et encore en assez petit nombre.

La solidité de nos établissements à Madagascar, que tant de souvenirs glorieux rattachent à la métropole et dont les côtes offrent d'excellents mouillages pour les navires de tout tonnage, est d'ailleurs une question capitale au point de vue de la stratégie maritime. Cette grande île, si riche en productions de toutes sortes, placée sur la route des Indes par le Cap de Bonne-Espérance, offrirait à notre flotte, dans le cas d'une guerre avec l'Angleterre, des points de relâche et de ravitaillement qui nous faisaient encore défaut dans ces parages.

De Madagascar, nous pourrions menacer les Seychelles, l'île Maurice, le Cap et même les Indes. Son abandon, dans la même hypothèse, entraînerait presque fatalement la perte de nos colonies de la Réunion, de Sainte-Marie, de Nossi-Bé, des Comores et nous priverait d'une étape de premier ordre sur le chemin de notre empire Indo-Chinois.

De Majunga à Tananarive

Le 28 mars 1895, M. Félix Faure, Président de la République, remettait solennellement leurs drapeaux aux soldats du 200e de ligne et aux délégations des autres régiments du corps expéditionnaire de Madagascar, réunis au camp de Sathonay.

L'expédition avait été préparée longtemps à l'avance par les soins du général Mercier et il était permis au général Zurlinden, ministre de la Guerre, de dire, dans son toast au Président, que tout ce qu'il était humainement possible de prévoir l'avait été.

Des critiques amères, peut-être intéressées, se sont élevées contre certains détails d'organisation. Le lecteur se rendra facilement compte de leur valeur en suivant avec nous les différentes phases de l'expédition.

Dans tous les cas, il faut convenir que toute entreprise humaine, surtout lorsqu'il s'agit d'une expédition comme celle de Madagascar, est soumise à des heurts, à des accidents imprévus qui déconcertent, mais dont les conséquences n'entraînent aucune responsabilité pour cette raison que personne ne les a fait naître.

Pouvait-on par exemple prévoir que le *Brinkburn* aurait un abordage avec un autre navire et qu'il perdrait une quinzaine de jours en route ; que les Sakalaves, qui avaient fait les plus brillantes promesses et sur le concours desquels on était en droit de compter, se déroberaient à notre approche et que nos soldats partis pour se battre, seraient obligés de faire le métier de terrassier ?

Le wharf de Majunga qui a donné lieu à tant de critiques et fait couler tant d'encre a exactement la longueur de 80 mèt. prévue au début, longueur qui ne pouvait être dépassée à cause de la nature du fond.

Mais c'est la fièvre anémiant un grand nombre d'hommes qui donna lieu aux plaintes les plus acerbes. Comptait-on vraiment aller à Tananarive sans avoir de nombreux malades ? Croit-on que le général Duchesne ne savait pas que sa petite armée serait considérablement réduite par la maladie sur laquelle les Hovas ont toujours compté et qui fut toujours leur plus précieux auxiliaire ? Il ne l'a pas dit et il a bien fait car ces choses ne se disent pas. Il se contenta de prendre toutes les précautions qu'il était en son pouvoir d'ordonner.

Il y eut des retards ; mais ces retards insignifiants ne sont dus qu'à des circonstances fortuites indépendantes de la volonté des chefs militaires qui se montrèrent toujours à la hauteur de leur difficile tâche. La marche héroïque du général Duchesne avec une poignée d'hommes d'Andriba à Tananarive le prouve surabondamment.

D'ailleurs on ne s'est jamais fait d'illusion en haut lieu sur la durée probable de l'expédition. Jamais les gens raisonnables n'ont admis que nous puissions être à Tananarive dès le 14 juillet ou même à la fin d'août. En résumé, les prévisions primitives ne furent pas de beaucoup dépassées.

Le corps expéditionnaire, fort de 15.000 hommes, comprenait un régiment de ligne, le 200e ; un bataillon de chasseurs à pied, le 40e ; un régiment d'infanterie de marine, le 13e ; deux bataillons de tirailleurs Algériens ; un bataillon de la Légion étrangère ; plusieurs batteries d'artillerie ; des détachements du génie, du train des équipages, des chasseurs d'Afrique ; un bataillon de volontaires de la Réunion à l'effectif de 600 hommes et des tirailleurs Sakalaves et Haoussas.

Des Somalis, des Kabyles, des Sakalaves et des Haoussas furent enrôlés pour servir de convoyeurs. Nos Kabyles s'engagèrent avec enthousiasme et on les vit parcourir les rues d'Alger en chantant, précédés de drapeaux français et d'étendards du Prophète !

Pauvres diables, qui cherchaient la bataille et ne trouvèrent guère que la fièvre! On constata qu'ils étaient moins résistants que les Européens.

C'est avec une ardeur joyeuse que nos jeunes soldats, volontaires de tous les corps, se mirent en marche pour aller défendre au loin nos droits méconnus et venger nos compatriotes insultés et assassinés par les Hovas.

Leur vigueur, leur entrain, leur gaieté en face des périls à venir, les acclamations du peuple qui les accompagnèrent au départ firent un contraste réconfortant avec l'attitude odieuse d'une poignée de sceptiques ou d'anti-patriotes qui va, partout, jusque dans les casernes, prêcher l'indiscipline et la haine de l'armée, cette virile école du sacrifice, du devoir et de l'honneur.

Pour entreprendre la marche sur Tananarive, dans de bonnes conditions, il fallait attendre la bonne saison qui commence au milieu du mois de mai.

Pendant la période d'attente, le gouvernement fit construire le matériel nécessaire et réunir les approvisionnements. Il s'occupa aussi de prendre toutes les mesures propres à défendre la santé de nos soldats et à assurer leur bien-être.

Le matériel flottant, très important, comprenait 4 chaloupes-remorqueurs, 8 canonnières, 42 chalands de débarquement, 4 pontons d'accostage, 6 canots à vapeur. Sa construction fut répartie entre les chantiers de la Loire à Saint-Nazaire, les Forges et chantiers à La Seyne, la Cie Fraissinet à Marseille, le Creusot et une maison de Nantes.

Les chalands mesuraient 25 mètres de longueur, 5 ^{m} 40 de largeur et 1 mètre de creux. Le tirant d'eau en charge avec 24 tonnes était de 0 ^{m} 40 seulement, ce qui leur permettait de remonter très haut dans les rivières. Véritables casernes flottantes, ces chalands ne rendirent pas tous les services qu'on en attendait à cause du peu de profondeur de la Betsiboka en certains endroits de son cours.

Les 4 pontons, munis de grues et de passerelles en bois et en acier, mesuraient 20 mètres de longueur, 5 ^{m} 30 de largeur et 1 ^{m} 30 de creux. Ils pesaient 26 tonnes et leur tirant d'eau avec une charge de 31 tonnes était de 0 ^{m} 70.

Une difficulté se présentait ; celle du transport de ce lourd et encombrant matériel ; car, bien que démontables par tranches, ces chalands, pontons et canonnières avaient encore des dimensions trop grandes pour les panneaux de nos navires. Il fallut, bon gré mal gré, recourir aux armateurs Anglais qui fournirent trois bateaux spécialement aménagés pour ces sortes de transports : le *Brinckburn*, le *Riverdale* et le *Collingham*.

Cet important matériel fut construit avec une rapidité qui dépassa les prévisions et fit le plus grand honneur à nos constructeurs.

Le *Brinckburn*, comme on sait, eut un abordage dans la Méditerranée avec un autre navire anglais et dut se réfugier à Messine puis à Malte où il répara ses avaries. Cet accident, qui fit beaucoup de bruit, ne retarda pas sensiblement la marche de l'expédition.

Dans un pays comme Madagascar, où il n'existe pas de routes régulièrement tracées, il faut avoir recours pour le ravitaillement des troupes en matériel, vivres et munitions, aux bêtes de trait et surtout de somme, parmi lesquelles le mulet, en raison de sa sobriété et de son endurance, était le premier désigné.

Ces animaux, 4.000 environ, furent achetés en France, en Algérie, en Tunisie et en Abyssinie. Mâcon, Tarbes, Arles et Saint-Jean-d'Angély fournirent le plus gros contingent. Au cours de la campagne on en acheta encore un certain nombre.

Soumis à un entraînement préalable, ces mulets nous rendirent les plus grands services. Ils supportèrent d'ailleurs très bien le climat de l'île.

Le service médical, si important dans les armées en campagne, puisqu'il lui appartient non seulement de rendre la santé aux malades et de remettre sur pied les blessés, mais encore de maintenir intact le moral des hommes, certains d'être secourus, fut organisé avec le plus grand soin.

La colonne expéditionnaire était accompagnée de ses médecins réglementaires dont le nombre avait été augmenté. Derrière la colonne et à petite distance marchaient les ambulances. Derrière celles-ci étaient échelonnés des hôpitaux de campagne où devaient être pansés et soignés les hommes dangereusement blessés ou malades avant leur transfert à Majunga où se trouvait mouillé le *Schamrock*, transport servant d'hôpital central. Les convalescents étaient ensuite transportés à Nossi-Kumba dont le climat est très sain puis de là rapatriés.

Le sanatorium de Nossi-Kumba avait été installé sur un plateau, à 485 mètres d'altitude au dessus du niveau de la mer, par les soins du commandant du Génie, Magué et du médecin-major Hockart. Le gouverneur de Nossi-Bé, M. François, contribua aussi dans une large mesure à cette installation dont l'aménagement et le choix sont à l'abri de toute critique. Nos soldats y trouvèrent en effet le climat d'Europe et tout le confort désirable. Ils s'y rétablirent promptement.

Chaque bataillon avait 2 voitures Lefèbvre, 11 mulets de bât, 10 paniers d'approvisionnements dont 2 médicaux, 2 opératoires, 2 de pansements et 2 de quinine, 10 sacs d'ambulance, 12 brancards à capote et 1 tente-hôpital.

Les troupes vêtues d'étoffes légères et chaudes à la fois furent toutes pourvues du casque colonial. Chaque homme avait reçu un tapis de toile chinée, une couverture réglementaire et une moustiquaire en mousseline.

L'infanterie était armée du Lebel, modèle 1886 et la cavalerie du mousqueton, modèle 1892.

L'armée hova que nous avions à combattre, forte d'environ soixante mille hommes, n'était pas très redoutable, parce qu'elle était sans grande instruction et sans cohésion. Cependant elle était armée de sniders et de remingtons, elle avait des canons modernes et, dans les derniers temps, des aventuriers anglais l'avaient exercée assez sérieusement aux manœuvres militaires. Une des causes principales de sa faiblesse résidait dans la nécessité presque absolue où se trouvait chaque soldat de s'équiper et même de se nourrir à ses frais, ce qui l'obligeait à ne compter que sur lui même et à mépriser au besoin les ordres de ses chefs. Réglementairement, les soldats hovas recrutés parmi les jeunes gens des familles pau vres, incapables d'offrir des cadeaux aux membres influents de la nation, devaient avoir une toque blanche, une veste et un pantalon courts ; ni bottes, ni souliers.

Chaque année le premier Ministre passait une revue des troupes, sorte d'appel général. En 1890, il réussit à réunir plus de 15,000 hommes. Les cadres étaient à l'avenant. Peu de temps avant la guerre le généralissime était un ancien sergent major de l'armée anglaise.

Les principaux chefs étaient le prince Romahatra, Ravonahitriony et Rariky.

On raconte que Ravonahitriony, premier lieutenant, ayant invité plusieurs de ses amis à dîner dans une de ses propriétés, et s'apercevant qu'il lui manquait des cigares, envoya un de ses serviteurs en chercher, en disant, après avoir craché sur le plancher : « Si tu n'es pas revenu avec des cigares avant que cette salive ait séché ; tu mourras ! » Le pauvre esclave arriva à temps pour n'être pas décapité. Ce trait, dont on nous a garanti l'authenticité, ne prouve-t-il pas et la férocité de cet officier supérieur hova et la sauvagerie des ennemis que nous avions à combattre.

Si le succès des armes dépendait de discours enflammés, de menaces et d'imprécations nous eussions été certainement battus par les Hovas. Malheureusement pour eux les soldats de Ranavalo perdirent beaucoup de leur enthousiasme et de leur assurance quand ils se trouvèrent devant nos régiments. Dans plusieurs réunions populaires, appelées Kabarits, où la reine, les princesses royales et les ministres prirent tour à tour la parole pour exciter le courage des soldats et leur inspirer la haine des français, des résolutions héroïques furent prises et l'on jura de se faire tuer jusqu'au dernier plutôt que de céder à la France un lambeau du territoire malgache. Un journal anglo-malgache le *Madagascar's News* entretenait d'ailleurs chez les Hovas cette idée que les autres nations viendraient au secours de sa gracieuse Majesté et ne permettraient pas qu'on touchât à l'héritage de ses ancêtres. Il convient aussi d'ajouter que l'insuffisance de nos revendications à la suite des précédentes expéditions pouvait faire croire au gouvernement de Tananarive que nous n'irions jamais jusqu'au bout.

L'explorateur allemand, E. Wolf, se montre, dans ses correspondances, très sévère à l'égard des agissements des missionnaires et aventuriers anglais qui sont, dit il, la cause de la guerre parce qu'ils ont fait croire aux Hovas que l'Angleterre interviendrait en leur faveur. Il ajoute que les Français doivent être sans pitié pour cette tourbe de gens sans aveux et fusiller, séance tenante, tous les étrangers qu'ils prendront les armes à la main.

Le général Duchesne adressa aux troupes du corps expéditionnaire une proclamation vibrante de patriotisme et contenant un salutaire avertissement aux étrangers qui auraient commis l'imprudence de nous combattre dans les rangs des Hovas. Nous en extrayons les passages suivants :

« ..... Officiers, marins et soldats ! au moment de quitter la France pour aller me mettre à votre tête, je tiens à vous dire d'abord combien je suis fier d'avoir été choisi par le gouvernement de la République pour vous commander; vous me connaissez de longue date, beaucoup d'entre vous ont servi avec moi en Afrique, au Tonkin et à Formose ; de mon côté j'ai vu à l'œuvre les excellentes troupes qui me sont confiées... Si je suis décidé à ne tolérer ni abus de la force ni violence de la part de mes soldats vis-à-vis des indigènes de l'île et des étrangers qui y sont régulièrement établis, à me montrer bienveillant pour tous et à récompenser tous les services, je n'hésiterai pas davantage à punir avec toute la rigueur des lois militaires ceux qui ne respecteraient pas notre drapeau, le trahiraient ou tenteraient de résister au légitime exercice de mon autorité..... »

En attendant le départ du gros de nos troupes, l'escadre du commandant Bienaimé (depuis contre-amiral) établissait le blocus de l'île et s'emparait de quelques points fortifiés de la côte.

Le 28 décembre 1894, à huit heures du matin, les croiseurs *Primauguet*, *Dupetit-Thouars* et *Papin* ainsi qu'une batterie de terre ouvrirent le feu sur les postes fortifiés de Tamatave. Ce bombardement causa des pertes sérieuses à l'ennemi dont le tir très défectueux ne nous fit aucun mal. C'est le commandant Bienaimé, suivi de quelques marins, qui, le premier, planta le drapeau français sur le principal fort de Tamatave.

Tamatave, que nous avions déjà occupé, est le port le plus important de la côte orientale. Sa population est d'environ 4.000 habitants.

On couvrit cette ville et ses environs d'une ligne de défense et, dans l'ancien fort évacué, on établit quelques bonnes pièces suffisantes pour repousser tout retour offensif des Hovas. Dans ce moment nous étions en trop petit nombre pour attaquer la position de Farafate, située à quelques kilomètres et d'où les Hovas tiraient sur nous par intermittences, sans d'ailleurs nous atteindre. Leurs obus n'arrivaient guère qu'à 500 ou 600 mètres de nos lignes avancées.

Vers le 20 janvier 1895 le croiseur le *Hugon* bombarda Majunga. Le commandant de ce navire avait donné l'ordre de tirer pardessus les maisons afin de ne pas endommager la ville et de n'atteindre que l'ennemi qui s'enfuyait dans la campagne. Quelques jours après 500 ou 600 hommes venus de Diego-Suarez par le *Primauguet* occupèrent la place.

Majunga, qui joua un rôle très important pendant l'expédition et qui fut reliée à Mozambique par un câble construit en France, avait déjà été bombardée par l'amiral Pierre et occupée par nos troupes jusqu'en 1886, époque à laquelle nous la rendîmes, à tort, aux Hovas. C'est un petit port de la côte occidentale qui se trouve dans une situation climatérique privilégiée. Placé à la pointe Nord-Est de la vaste baie de Bombetoke il offre aux navires un excellent mouillage. Sa population est d'environ 5.000 âmes. En 1892 le mouvement des importations y a été de 620.000 francs et celui des exportations de 1.020.000 francs.

Au cours des opérations de notre escadre le long des côtes nous capturâmes un navire de guerre hova, l'*Ambohimonga;* ce petit navire, qui n'opposa d'ailleurs aucune résistance, était armé de deux canons revolvers et d'un canon Canet de 10 centimètres; il avait été construit à Bordeaux en 1889.

Le 14 février, la petite colonie française de Nossi-Vey sur la côte Sud-Ouest allait être expulsée sur les ordres du gouverneur de Tullear lorsque parut le *Météore* commandé par le lieutenant de vaisseau Jaubert. Cet officier, instruit des avanies que les Hovas faisaient subir à nos compatriotes, débarqua avec quelques fusiliers marins et s'empara du fort sans coup férir. Les défenseurs, ahuris, éperdus, n'essayèrent pas de résister. Tous sautèrent par dessus les murs et s'enfuirent, comme des lièvres surpris au gîte, poursuivis à coups de canne par le lieutenant Jaubert et à coups de crosse par ses hommes. Les Hovas laissèrent entre nos mains plus de quarante prisonniers. Nos colons fêtèrent avec enthousiasme leur délivrance dans un punch offert aux officiers du *Météore*. Mais c'est Razafilasama, le gouverneur, qui ne dut pas rire.

Le général de brigade, Metzinger, avait été chargé de prendre toutes les mesures de police nécessaires en attendant l'arrivée du corps expéditionnaire et notamment de nettoyer les abords de Majunga. Il accomplit brillamment sa mission, comme nous le verrons plus loin.

Les départs des transports et paquebots affrétés par le gouvernement se succédèrent presque sans interruption du 9 février, départ de *Notre Dame-du-Salut*, jusqu'au 18 mai, départ du *Guadalquivir*.

Rappelons en passant que la distance qui sépare Marseille de Majunga par le canal de Suez est de 4.938 milles, autrement dit de 9.145 kilomètres, le mille marin équivalant à 1.852 mètres.

C'est le 12 avril, dans l'après-midi, que le paquebot *Irraouaddy* quitta Marseille ayant à son bord le général Duchesne et son état-major. Le départ de ce navire avait été précédé de celui du *Cachar* et du *Rio-Negro*. Ces bâtiments, comme tous ceux qui emportèrent nos troupes, furent salués par les acclamations d'une foule enthousiaste. A Paris, à Lyon, à Marseille, à Nantes, à Nîmes, à Alger, Philippeville et Oran, partout enfin où il y eut un départ de soldats pour Madagascar, une joie d'un patriotisme sincère éclata. C'est couverts de fleurs que nos *Malgaches* s'embarquèrent pour la grande île africaine qui, nous l'espérons, changera son vieux nom barbare de Madagascar pour celui de *Nouvelle France* ou de *France orientale*.

Quelques lignes de biographie sur le commandant en chef de l'expédition et sur les principaux officiers qui l'accompagnèrent ne déplairont sans doute pas à nos lecteurs :

Le général Duchesne, décoré à 21 ans sur le champ de bataille de Solférino, fit la campagne de 1870 où il gagna ses galons de capitaine, commanda une des colonnes envoyées dans le Sud Oranais contre le fameux Bou-Amena et se distingua au Tonkin et à Formose. Il commandait la 6e division à Bourges où le Ministre de la Guerre alla le prendre pour lui confier le commandement de l'expédition. Le gouvernement ne pouvait faire un meilleur choix (1).

Le général Voyron, auquel fut dévolu le commandement de la brigade d'infanterie de marine, avait servi en Afrique et en Indo-Chine. Au Tonkin, sa valeur lui valut plusieurs citations à l'ordre du jour de l'armée du général Brière de l'Isle.

Le général de Torcy, nouvellement promu, homme du monde, officier brillant, avait fait partie de la mission extraordinaire que le gouvernement français envoya aux obsèques du grand et infortuné Csar Alexandre III ; il y fut très remarqué. Placé à la tête de l'état-major du corps expéditionnaire, il se montra en tous points à la hauteur des fonctions délicates qu'on lui confia.

Le colonel Palle fut mis à la tête des services de l'artillerie. Cet officier s'était particulièrement distingué au Tonkin où il avait été chargé des opérations les plus difficiles. Le choix du Ministre de la Guerre fut ratifié avec enthousiasme par les officiers de son arme qui connaissaient sa valeur et son expérience. Pendant toute la campagne cet admirable soldat fit preuve de la plus grande énergie et de la plus complète abnégation. Séparé de ses pièces de canon devenues inutiles et chargé de la direction des services du train il s'acquitta merveilleusement de ses nouvelles fonctions et contribua pour une large part au succès final de l'expédition.

Le colonel Gillon, qui commandait le 49e de ligne à Bayonne

---

(1) Voici ce que dit Jules Simon du général Duchesne : « Il a été la force morale de sa petite armée. Il l'a tenue dans sa main malgré la dureté de sa situation. Il a calmé ses inquiétudes, il a soufflé la résignation et le courage. Nous n'avons pas d'homme de guerre qui ait montré plus de résolution et rendu un plus grand service. »

où on le regretta beaucoup, fut appelé au commandement du 200e d'infanterie où ses qualités exceptionnelles eussent été vite remarquées si la mort ne l'avait pas frappé dès le commencement de la campagne. Ce brave officier laissait au pays une nombreuse famille.

Le commandant, Masset du Biest, officier distingué, à l'allure martiale et d'une valeur éprouvée fut mis à la tête du 40e bataillon de chasseurs à pied, tous hommes d'élite.

Avec ces chefs de corps partirent les capitaines Bossard et Duchâtelet, officiers d'ordonnance du général Duchesne, Ditte et Roullet, officiers d'ordonnance du général Voyron, le colonel Delorme, les lieutenants-colonels de Nonancourt et Marmier, le commandant Delarue, les capitaines Herr, Carré, Lacroix, Bourgeois, Trafford, Doyen, Mac-Mahon, Martinié, Humbert, le lieutenant de vaisseau Simon, le sous-intendant Thoumazou, l'abbé de Varanne, aumônier du sanatorium de Majunga.

Ce n'était pas précisément une promenade militaire, comme nous l'avons entendu dire par plusieurs personnes, que nous allions faire à Madagascar. Nos troupes partant de Majunga avaient à parcourir, pour atteindre Tananarive, siège du gouvernement hova, plus de 450 kilomètres, à travers un pays très accidenté, absolument nouveau, coupé par de nombreux obstacles naturels et défendu par une série de postes fortifiés disséminés sur les deux rives de l'Ikopa. Au bout de cette longue étape il y avait Tananarive avec ses cent mille habitants, ses fortifications anciennes et nouvelles et ses nombreux défenseurs fanatisés depuis longtemps par les discours enflammés de la reine et de son premier ministre.

Le 8 avril, nos troupes composées de deux compagnies de volontaires de la Réunion, de trois compagnies d'infanterie de marine et d'une section d'artillerie, sous les ordres du colonel Piel, s'emparèrent, sans éprouver aucune perte sérieuse, du fort d'Ambohimarina près de Diego-Suarez. Les Hovas eurent un grand nombre d'hommes tués ou blessés. Le lendemain, à dix kilomètres du fort, l'infanterie de marine s'empara d'un troupeau de 900 bœufs.

Le 2 avril, nos batteries de terre et de mer bombardèrent

les positions hovas des environs de Farafate, pendant qu'une compagnie avec deux pièces de campagne allait en reconnaissance à deux kilomètres de nos lignes avancées. Les Hovas ripostèrent mais leurs coups dirigés de préférence sur la reconnaissance ne produisirent aucun résultat. A huit heures du matin l'ennemi, qui avait éprouvé de grosses pertes, était réduit au silence.

Comme nous l'avons déjà dit, le général Metzinger avait été chargé de déblayer les abords de Majunga et de créer une base d'opérations en même temps qu'un champ de ravitaillement.

Dans les derniers jours du mois de mars nous prîmes le poste fortifié de Mahabo situé à 60 kilomètres de Majunga, sur la rive gauche de la rivière de Bombetoke et nos reconnaissances s'avancèrent jusqu'en vue de Marovoay sur la rive droite, chassant l'ennemi devant elles. La prise de Mahabo et notre marche victorieuse sur Marovoay eurent un grand retentissement à Tananarive. La reine se montra particulièrement affectée. La démission du colonel Servingthon et des autres officiers anglais qui avaient été chargés de commander l'armée hova accrut encore le découragement de la cour d'Emyrne. Le colonel Servingthon avait en effet promis de nous arrêter à Ambato et de nous faire rebrousser chemin si on lui donnait 25.000 hommes et 54 pièces de canon. Le gouvernement hova ne lui envoya que 3.000 hommes et une batterie. Il est évident que si le colonel avait pu disposer de forces aussi considérables il nous aurait gêné quelque peu, mais quant à nous faire rebrousser chemin c'est une autre affaire.

Cependant la reine fit contre mauvaise fortune bon cœur et elle s'employa activement à ranimer le zèle des patriotes hovas.

Dans une de ses dernières proclamations, Ranavalo disait qu'il fallait se battre jusqu'à ce que Madagascar ne contînt plus un seul soldat français ; que les Français n'avait droit à aucune pitié et qu'on devait leur courir sus partout ; que si un navire de leur nation faisait naufrage sur les côtes de l'île il fallait le considérer lui et son équipage comme de bonne prise.

Elle concluait en conseillant à ses troupes de fuir partout où il leur serait impossible de résister avec avantage, de brûler les villages et les approvisionnements et de harceler l'ennemi pendant la nuit de façon à le fatiguer par des alertes continuelles ; la fièvre ferait le reste !

Ces conseils devaient porter leurs fruits. Vers la fin de février, deux français, M. Grevé, naturaliste, et Joseph Philippe, créole de la Réunion, furent arrêtés par les autorités hovas. Joseph Philippe, pauvre diable absolument inoffensif, fut étranglé après avoir été torturé affreusement pendant plusieurs jours. M. Grevé fut fusillé le 14 avril dans des circonstances atroces. Ses bourreaux, lui vivant, creusèrent une tombe à ses pieds et tirèrent sur lui plusieurs coups de fusil qui le blessèrent cruellement sans le tuer. Ce n'est qu'au bout d'un certain temps qu'une balle atteignant le malheureux en plein front mit fin à son supplice.

C'est à Mahabo (27 mars) que se livra la première escarmouche sérieuse. Une compagnie de tirailleurs algériens et une section d'artillerie étaient montées jusqu'à ce point lorsque les Hovas s'avisèrent de tirer sur nous et sur la canonnière *Gabès* qui remontait la rivière. Mal leur en prit car ils furent vite réduits au silence et perdirent plus de 80 hommes. Les tirailleurs qui désiraient faire connaissance avec les soldats de « *Madame Gascar* » eurent lieu d'être satisfaits. Dans cette affaire nous prîmes deux pièces de canon du calibre 12 et le trésor des alliés sakalaves : des cornes de bœuf renfermant les cendres de leurs aïeux. Ces Sakalaves demandèrent grâce et se rangèrent de notre côté. On trouva sur un hova une lettre adressée à sa famille dans laquelle il comparait l'effet de nos obus à la foudre qui serait suivie d'une grêle de fer.

Le 3 avril, nous nous emparâmes du camp de Miadana où 3,000 hovas furent mis en déroute.

Dans notre marche sur Marovoay nos soldats eurent beaucoup à souffrir. Pour faire passer les canons il fallut ouvrir des tranchées dans la boue afin de trouver un terrain assez solide. Les hommes avaient parfois de l'eau jusqu'au cou.

Les opérations furent suspendues jusqu'au commencement

de mai. Nos troupes, qui s'étaient arrêtées, se portèrent de nouveau en avant et, le 2 mai, s'emparèrent de Marovoay ainsi que de la ligne d'Amparilava à la suite d'une attaque combinée de la division navale et de deux colonnes venant de Mavarano et de Mahabo. L'ennemi, coupé, s'enfuit vers l'Est et le Sud, abandonnant ses canons, ses mitrailleuses et ses approvisionnements. Nous ne perdîmes qu'un seul homme, un tirailleur algérien nommé Ougaïda-ben-Hadji. Les Hovas éprouvèrent des pertes considérables (300 tués) et laissèrent entre nos mains un assez grand nombre de prisonniers. Nous avions en ligne 1,800 hommes, les Hovas près de 4,000.

On raconte que Ramasonbasaha, gouverneur du Bouéni, l'un de nos ennemis les plus acharnés, qui commandait les troupes hovas et qui s'était enfui à plusieurs kilomètres, se prit à pleurer en disant : « les Français sont trop forts, cette guerre est maudite ! » Il fallait effectivement des troupes d'un élan irrésistible pour prendre aussi rapidement Marovoay qui, par sa situation sur un mamelon escarpé de 100 mètres de hauteur et défendu par de nombreux ouvrages, offrait un centre de résistance très important. On ne pouvait parvenir au sommet du mamelon que par un seul sentier à peine praticable pour les mulets.

L'occupation de Marovoay, une des plus importantes agglomérations de l'Ouest, puisqu'elle compte de 3,000 à 4,000 habitants et qu'elle est située près d'un affluent de l'Ikopa navigable en toutes saisons, fut la dernière des opérations préliminaires conduites avec tant d'habileté par le général Metzinger. Le terrain autour de Majunga était déblayé jusqu'à plus de cent kilomètres de la côte lorsque le général Duchesne, arrivé le 6 mai, concentra ses troupes pour marcher sur Tananarive.

Le général en chef avait reçu à Nossi Bé un accueil enthousiaste. Dans le vaste jardin de la résidence décorée avec goût et richesse, à l'ombre de tamariniers géants et de palmiers superbes, il eut une entrevue solennelle avec la reine Binao et les rois Tsiaras et Tsialana revêtus de leurs plus riches costumes et accompagnés d'une suite nombreuse et brillante. Le général leur demanda s'ils étaient disposés à lui fournir des porteurs. Tsialana, grand gaillard admirablement musclé, véritable statue de bronze animée, lui répondit qu'ils feraient leur possible pour être agréable à la France sur laquelle ils comptaient pour l'avenir. Comprenant l'allusion, le général leur dit que cette fois il allait occuper Tananarive et qu'il ne retournerait en France que lorsque les Hovas seraient complètement réduits à l'impuissance ; il invita la reine et les deux rois à venir le voir à Majunga.

Le soir de cette réception, il y eut à la résidence, illuminée à giorno, une fête splendide où les dames françaises en toilette claire, les officiers chamarrés d'or et les nègres couverts de bijoux d'argent et d'étoffes aux couleurs voyantes dansèrent à l'envi sous les feuillages les plus somptueux parsemés de globes de feu, de lanternes vénitiennes et de lumières éblouissantes.

Dès le 15 mai 8,000 hommes étaient échelonnés entre Majunga et Marovoay et notre avant-garde s'était avancée jusqu'à Beseva, à 60 kilomètres environ de Marovoay, dans la direction du Sud-Ouest.

Le 18 mai, les tirailleurs sakalaves qui formaient le 1er régiment colonial rencontrèrent un fort parti hova au Sud-Est de Marovoay ; ils l'attaquèrent vivement à la baïonnette. L'ennemi culbuté laissa plus de soixante morts sur le terrain ; il eut de nombreux blessés. De notre côté le lieutenant Foreston de la 2e compagnie et douze tirailleurs furent blessés. Après le combat nos troupes occupèrent le camp hova d'Amboudimonta et l'avant-garde de la 1re brigade, poursuivant sa marche en avant, arriva à Androtro, à 15 kilomètres au-delà de Marovoay.

Les abords du village d'Androtro sont très pittoresques. Les arbres, entre autres les baobabs, y sont nombreux et touffus ; une eau limpide et claire s'y trouve en abondance. Mais pour parvenir à ce petit éden il faut traverser plusieurs cours d'eau et de vastes plaines marécageuses. C'est un des plus mauvais passages que nos troupes aient eu à franchir pendant la campagne.

Nos soldats se conduisaient malgré tout admirablement ; leur esprit de discipline ne se démentit pas un seul instant.

L'anecdote suivante fera voir à quel point ils poussaient le respect des ordres qu'ils avaient reçus et des situations qui leur étaient imposées :

Un soldat, qui devait rejoindre isolément les avant-postes, fut embarqué sur un boutre chargé de provisions avec une journée de vivres pour lui-même ; le voyage ne devait durer que quelques heures ; mais le boutre s'étant échoué, le malheureux dut attendre deux jours pour se remettre à flots et arriver à destination. Quand il débarqua il tenait à peine debout. Interrogé sur sa triste mine par son lieutenant, il répondit qu'il n'avait pas mangé depuis 48 heures et que çà commençait à sonner creux. Mais, lui dit l'officier, ton boutre était plein de vivres, pourquoi n'as tu pas pris ce qu'il te fallait ? C'est vrai, mon lieutenant, repartit le soldat, mais je n'avais pas le droit d'y toucher !

Comme toujours aussi la gaieté française ne perdit pas ses droits. A la suite de la prise de Marovoay le gouverneur hova avait oublié dans sa fuite un grand nombre d'objets disparates. Il s'appelait Ramasonbasaha, nos loustics transformèrent ce nom difficile à retenir en : « *Ramasse ton bazar.* » Rainilaikarivony, nom du premier ministre, devint : « *Rue de Rivoli.* »

Les tirailleurs sakalaves, dont nous avons relaté le brillant fait d'armes aux environs d'Amboudimonta, se montrèrent, encadrés par des officiers et sous officiers français, de très bons soldats, bien supérieurs aux Hovas. Les Comoriens qui furent répartis dans leurs rangs étaient moins ardents, moins intelligents ; cependant ils ne se battirent pas trop mal. Le costume de ces tirailleurs se composait d'une veste et d'une culotte bleue semblables à celles des Turcos, d'une chéchia rouge avec gland vert et d'une ceinture rouge. Ils avaient les pieds nus et le bas des jambes serré dans des jambières de drap bleu ; en somme très bonne tournure. Il fallait les voir bondir dans la brousse, comme des diables noirs, la baïonnette haute, poussant de terribles hurlements, quand le clairon sonnait la charge, cette charge des français, si simple et si empoignante, qui fait courir dans nos veines ce petit frisson que vous savez, le même que ressentaient nos pères quand ils se ruèrent sur tant de champs de bataille à l'assaut des positions ennemies !

Dans le courant d'avril plusieurs roitelets sakalaves, se rangeant, en gens clairvoyants, du côté du plus fort, étaient venus faire leur soumission à Majunga. Sélim et Makolo, souverains de petites tribus des environs, vinrent en grande pompe offrir leur alliance au général Metzinger qui les reçut avec de véritables honneurs. On tira pour eux des coups de canon et on distribua aux hommes de leur escorte des fusils à tabatière, sans poudre, cadeaux qui remplirent de joie ces honnêtes moricauds. Une large distribution d'eau-de-vie mit le comble à l'enthousiasme de nos alliés, et, le soir de la réception, Sélim et Makolo cuvaient leur cognac dans quelque case du voisinage, sans souci de leur grandeur. Sélim, pas bête, s'était empressé d'échanger sa sagaie en bois d'ébène contre le sabre d'un capitaine d'infanterie de marine.

Ce Sélim, que nous retrouverons plus tard, portait un costume des plus pittoresques : il était vêtu d'un long pagne noir, pieds nus, coiffé d'un morceau d'étoffe rouge entouré d'un collier de corail formant diadème auquel étaient suspendues des pièces d'argent, allemande, anglaise et française. Il avait d'ailleurs une tenue très digne et semblait accablé sous le poids d'un rôle très important. Lui et son escorte bigarrée firent les délices de nos soldats. Sélim et Makolo n'avaient d'ailleurs ni le prestige ni la puissance de la reine Binao et des rois Tsiaras et Tsialana que nous reçumes à Nossi-Bé avec les honneurs qui leur étaient dus.

Les 23 et 24 mai, l'avant-garde du corps expéditionnaire occupa Mahatomboka, Trabonjy et Ambato évacuées par l'ennemi. Les Hovas, battant constamment en retraite, se retirèrent du côté d'Ankoala, à 25 kilomètres environ de Mevatanana où le premier ministre s'était transporté pour encourager la population à la résistance. Nous approchions de Suberbieville où se trouvaient de vastes magasins que le général comptait utiliser comme dépôts centraux de ravitaillement.

Ankoala, où s'étaient vraisemblablement réfugiés les Hovas, est un gros village de 300 cases Ses défenses étaient plus puissantes que celles des places que nous venions d'occuper. Des haies épaisses de cactus plantées sur les flancs abrupts d'une colline assez élevée, un réseau de marécages et la rivière Kamory, large en certains endroits de 40 mètres, constituaient en effet des obstacles naturels dont une armée européenne eût tiré avantageusement parti.

Les hovas n'essayèrent pas de défendre cette position; poursuivis par un petit détachement de l'avant-garde ils se retirèrent précipitamment derrière la Betsiboka.

La première brigade, ravitaillée par les canonnières franchit la rivière du Kamory (ou Camoro) sur des chalands et marcha sur Amparhibé. Le 30 mai, huit chalands se trouvaient sur la Betsiboka. Encore quelques jours et nos troupes ayant franchi les régions les plus malsaines de la route à suivre allaient se trouver dans d'excellentes conditions climatériques pour mener la campagne à bonne fin.

Les hovas, qui se retiraient devant nous presque sans combattre, ne manquaient cependant pas de munitions. Le *Morning Post* nous apprenait en effet qu'ils avaient à leur disposition, dès le début de la campagne, plus d'un million de cartouches et plus de 200 charges par canon. Ils auraient pu nous opposer une résistance très sérieuse, surtout dans un pays qui se prête admirablement à une guerre de guerillas, mais ils étaient mal commandés, n'avaient pas d'esprit militaire et manquaient de patriotisme. Les officiers supérieurs ne demandaient généralement qu'à bien vivre et à profiter des circonstances pour augmenter leurs revenus. Des centaines de soldats quittaient les rangs de l'armée après s'être rachetés par des cadeaux. Un agent supérieur des douanes malgaches fait prisonnier par les marins du *Météore*, à Nossi-Vey, dans le Sud, ne cacha pas sa façon de penser sur ses compatriotes à ceux qui l'interrogèrent. D'après lui les hovas ne résisteraient pas longtemps parce qu'ils n'aimaient guère à se battre et qu'ils détestaient le premier ministre, l'ennemi le plus acharné de la France.

Le 6 juin, la première brigade campait à 4 kilomètres du confluent de l'Ikopa et de la Betsiboka. L'ennemi paraissait s'être concentré à Mevatanana.

Le général hova, gouverneur du Bouéni, n'avait su défendre ni Sakaisana, ni Mahatomboka, ni Ambato, ni Ankoala où il avait fait élever des ouvrages de défense assez importants. En se retirant à Mevatanana l'ennemi abandonnait sans combat la ligne de la Betsiboka dont le passage aurait pu immobiliser nos troupes, au moins pendant quelques jours. La Betsiboka, à l'endroit où elle se jette dans l'Ikopa, est, avec ses immenses rives marécageuses, large de plusieurs centaines de mètres.

Entre temps, nous renforçâmes la garnison de Tamatave fort éprouvée par le climat, beaucoup plus rude sur la côte orientale que sur la côte occidentale. Cent cinquante hommes de la 4e brigade d'infanterie de marine à Toulon partirent dans le courant du mois de juin pour cette destination.

Mevatanana n'a pas une grande importance au point de vue stratégique. C'est un gros village perché au sommet d'un coteau escarpé, de 125 mètres de hauteur, dont les flancs abrupts sont ravinés par les pluies torrentielles. La longueur de ce coteau est de 900 mètres et sa largeur de 200 mètres. Ramasonbazaha, qui commandait les troupes hovas, y avait établi des batteries et réuni des troupes en nombre assez considérable.

Le 6 juin, le bataillon de la Légion étrangère soutenu par une batterie d'artillerie et la canonnière « *Brave* » franchit la Betsiboka et nos troupes continuant leur marche en avant occupèrent, trois jours après (9 juin), Mevatanana. Deux batteries de montagne tirant des obus allongés forcèrent l'ennemi, menacé d'ailleurs du côté du Nord et du côté de l'Est, à battre en retraite. Dans cette affaire deux tirailleurs furent blessés. Nous prîmes aux hovas deux canons à tir rapide et un stock considérable d'approvisionnements. La prise de Mevatanana, où Ramasonbazaha pouvait nous opposer une résistance sérieuse, fit le plus grand honneur à nos troupes qui venaient de supporter de terribles fatigues pendant leurs longues marches à travers un pays tantôt marécageux, tantôt semé de blocs de quartz aux arêtes tranchantes et sous un soleil de feu. En même temps que la prise de Mevatanana nous apprenions la mort du brave colonel Gillon terrassé par un accès de fièvre pernicieuse. La France n'oubliera pas les enfants de ce vaillant.

Le colonel Gillon n'était pas seulement un soldat remarquable, c'était encore un écrivain distingué. Il fut le collaborateur du général Ducrot pour son livre du « *Siège de Paris* » et acheva « *La retraite sur Mézières.* » Il allait passer général à la première promotion. Tous les gens de cœur salueront avec émotion le cercueil de ce brave soldat mort pour le devoir, loin des siens et de sa patrie. Le colonel Gillon était né en 1839 ; il n'avait donc que cinquante-six ans. Le lieutenant-colonel Bizot prit le commandement du 200e et fut remplacé lui-même par le lieutenant-colonel Barre.

Le Ministre de la Guerre envoya au général Duchesne un télégramme qui se terminait par ces mots : « l'armée et le pays tout entier vous souhaitent bon courage à vos troupes et à vous et s'associent à la douleur que la mort du colonel Gillon a causé au corps expéditionnaire. »

Un mois à peine s'était écoulé depuis l'arrivée du général Duchesne à Majunga et déjà nos soldats victorieux occupaient une zone de 180 kilomètres de pays ennemi. Ce magnifique résultat ne pouvait être obtenu que par un chef aussi sage et aussi énergique que lui.

La colonne expéditionnaire avait alors franchi plus du tiers du trajet total entre Majunga et Tananarive et était sortie de la région côtière malsaine. Elle allait continuer sa marche à travers un pays montagneux mais plus sain où les fièvres et les chaleurs étaient moins à craindre.

Suberbieville, éloignée de quelques kilomètres de Mevatanana, fut occupée sans combat par nos troupes qui y trouvèrent de vastes magasins en bon état. Dans leur fuite précipitée les hovas n'eurent pas le temps d'incendier cette cité industrielle qui allait nous être d'une grande utilité. Un hangar seul avait été livré aux flammes. Nos ennemis qui prétendaient, même après la prise de Marovoay, que nous n'étions que des poissons, redoutables seulement sur l'eau, s'apercevaient enfin que nous étions également terribles à terre.

A Tamatave, on attendait des renforts pour pouvoir déloger définitivement Rabehevitra, commandant des troupes ennemies de la côte orientale, des fortes positions qu'il occupait à Farafate avec 2,500 hommes. Pendant tout le mois de mai nous échangeâmes des coups de canon avec les hovas, mais tandis que nos obus tirés à 6,000 mètres tombaient en plein sur le fort de Farafate et détruisaient une partie des casernements les leurs n'arrivaient qu'à 500 et même 1,000 mètres de nos lignes avancées.

Le 24 mai, nos troupes firent une reconnaissance vigoureuse dans la direction de Vohidroto et mirent en fuite un parti hova, embusqué en avant du fort, dont une soixantaine d'hommes furent tués par des feux de salves, à 1,800 mètres de distance.

Pendant ce mois de mai les fièvres frappèrent rudement nos jeunes soldats qui combattaient autour de Tamatave. Un assez grand nombre d'entre eux durent être transportés à la Réunion ou rapatriés. Les hovas eurent eux-mêmes beaucoup à souffrir de l'insalubrité du climat dans cette partie de l'île et le nombre des défenseurs de Farafate fut réduit dans une notable proportion par les maladies ; dans l'espace d'un mois près de 1,000 hovas moururent.

Pour assurer le ravitaillement de Suberbieville le Génie construisit un pont de 300 mètres de longueur à Ampakakely. Nos troupes allaient pouvoir prendre un repos bien mérité de quelques jours avant de se remettre en marche pour Tananarive où le général Duchesne espérait arriver dans les derniers jours de septembre.

Nous avons raconté l'entrée quasi-triomphale du roi Sélim à Majunga. Il paraît que ce coquin ne garda pas longtemps le souvenir des bons traitements qui lui furent prodigués pendant son voyage parmi nous car il fut ramené à Majunga et incarcéré pour avoir tenté de piller nos convois, dévalisé des français et enlevé 400 bœufs destinés à nos troupes. Cet exemple peut donner une idée du concours qu'il faut attendre de la plupart des chefs sakalaves.

Cependant le roi de Nosilava offrit, lui aussi, de faire sa soumission avec les hommes de sa tribu et, ce qui était plus sérieux, Rainikotovao, 9e honneur, commandant d'Andramboka sur la Mahajamba, offrit au général Duchesne de livrer cette position et demanda un sauf-conduit pour lui et sa famille afin de se rendre à Majunga.

Le 21 juin nos troupes d'avant-garde occupèrent Tsarasoatra, à 20 kilomètres au Sud de Mevatanana, sans rencontrer de résistance; mais le 29 juin, au matin, 12 ou 1,500 hovas attaquèrent cette position occupée par une compagnie du régiment algérien, une section de la 16e batterie et un peloton de cavalerie. Cette attaque fut repoussée par le commandant Lentonnet qui, à l'arrivée de deux compagnies de renfort venant de Behanana prit l'offensive et força l'ennemi à reculer de plusieurs kilomètres. C'était la première fois que les hovas osaient nous attaquer franchement. Ils payèrent cher leur audace. Malgré leur énorme supériorité numérique, ils étaient dix contre un, ils durent rebrousser chemin après avoir perdu un grand nombre d'hommes.

Le général Metzinger accourut de Suberbieville, située à plus de 15 kilomètres en arrière, avec le 40e bataillon de chasseurs et la 16e batterie et atteignit Tsarasoatra dans la soirée après une marche forcée pendant laquelle nos vitriers firent preuve d'une merveilleuse endurance.

Le 30 juin, au matin, il attaqua avec impétuosité la position de Beritzoka (ou Beritza), mamelon de 670 mètres de hauteur, à 4 kilomètres à l'Est de Tsarasoatra et en délogea les Hovas, au nombre de 5,000, qui furent rejetés dans les ravins, après avoir essuyé des pertes considérables.

Ce succès très important fut dû à l'intrépidité et à l'énergie des chasseurs et des tirailleurs algériens appuyés par deux sections d'artillerie. L'ennemi en déroute laissa entre nos mains ses deux camps, 470 tentes, le drapeau de la reine, deux canons dont un hotchkiss, 400 fusils à tir rapide et tous ses approvisionnements en vivres, munitions et effets. Plusieurs officiers hovas furent faits prisonniers.

Les hovas se retirèrent, débandés, à 20 kilomètres au-delà, du côté d'Ampasiria où se trouvent des exploitations aurifères. Leur but en nous attaquant était de nous chasser de Tsarasoatra et de reprendre Mevatanana.

Dans les combats livrés autour de Tsarasoatra le lieutenant Augey-Dufresse et le caporal Sapin du régiment d'Algérie furent tués. Un sergent, un caporal et quatre tirailleurs du même régiment furent blessés. Le lieutenant Audierne du 40e bataillon de chasseurs, un adjudant, un sergent, quatre chasseurs et le capitaine Bouvier furent légèrement blessés.

L'état sanitaire était alors relativement bon. En effet, la proportion des malades ou des indisponibles du corps expéditionnaire n'atteignait que 16 °/o de l'effectif tandis qu'en France, pendant le mois de février 1895, qui fut, il est vrai exceptionnellement mauvais, cette proportion atteignit 27 °/o ; en Algérie elle fut de 17 °/o, pendant la même période. Nous n'exagérions donc pas en disant que le climat de Madagascar n'est pas, en général, aussi mauvais qu'on veut bien le dire. Au même moment, l'armée espagnole, qui combattait à Cuba, perdait 120 hommes par jour.

Par l'occupation de Beritzoka le général Duchesne était maître de la ligne de faîte qui sépare le bassin de l'Ikopa de celui de la Betsiboka. Il se trouvait dans une région saine, contenant de l'eau excellente et en abondance, du bois et tout ce qui est nécessaire à l'établissement d'un campement de durée.

Au fur et à mesure qu'il avançait dans le pays, le général Duchesne s'occupait d'assurer ses communications avec la côte. L'*Iraouaddy* partit de Marseille, le 12 juillet, emportant 12 officiers et 400 sapeurs du génie fournis par les 1er, 3e, 5e et 6e régiments de l'arme. Ce renfort était spécialement demandé par le général pour la construction de routes militaires.

Le 26 juin la poudrière de Farafate sauta sous le feu de nos batteries.

Depuis le mois de décembre 1894 la situation n'avait guère changé de ce côté, faute de renforts suffisants et tout se bornait à un échange d'obus entre nous et les hovas.

Après sa victoire de Beritza le général Metzinger, promu divisionnaire, occupa Manjakandrianombana.

Le 30 juillet, le corps expéditionnaire reprit sa marche en avant après avoir établi solidement sa base de ravitaillement à Suberbieville. Un pont sur pilotis avait été construit sur la Betsiboka et la route était achevée jusqu'à Beritzoka.

Le général Duchesne comptait pouvoir continuer sa route jusqu'à Tananarive sans rencontrer de résistance sérieuse. La prise de Mevatanana suivie de la victoire de Beritza semblait avoir complètement démoralisé les hovas qui cependant s'étaient munis d'un nombre considérable de cordes pour lier les prisonniers français. Nos soldats ramassèrent ces cordes un peu partout et s'en servirent pour attacher les colis sur le dos des mulets.

Ce furent surtout nos obus à la mélinite qui épouvantèrent les hovas ; une détonation formidable bien que sourde, une gerbe énorme de terre et de cailloux, de débris, s'élevant à dix mètres de hauteur et un ébranlement considérable de l'air, ébranlement qui se traduit par une terrible secousse de tout le système nerveux des hommes rapprochés du point de l'explosion et qui fait reculer les plus résolus, tel est l'éclatement de l'obus à la mélinite qui démolit plus qu'il ne tue. Son effet moral sur des troupes peu aguerries est plus grand que celui de l'obus à mitraille qui cependant produit des ravages effrayants quand il tombe et éclate sur une troupe en rangs serrés.

A Mevatanana, nos officiers purent apprécier l'effet produit sur les hovas par les premiers obus à la mélinite qui tombèrent sur leurs batteries. Un hurlement de terreur retentit, puis une immense clameur ; les artilleurs abandonnèrent leurs pièces, fuyant à toutes jambes, affolés, au milieu de tourbillons de poussière et de gerbes de pierres et du bouleversement de leurs ouvrages ; c'était un spectacle terrible.

Les Indiens, protégés anglais, qui habitaient Mevatanana ne s'enfuirent pas, mais tremblants de peur, presque à genoux, accoururent offrir à nos soldats des cigares et des provisions de toutes sortes.

C'est à Mevatanana que nous trouvâmes un grand nombre de caisses contenant des gargousses, des obus, des étoupilles, des cartouches provenant de Hambourg et étiquetées au nom du fameux Servingthon, cet aventurier anglais dont nous avons déjà parlé.

La démoralisation de l'armée hova avait commencé dès Marovoay. La lettre suivante, écrite par un officier supérieur hova, Randrianarivo, à un de ses amis, Ravelo, 7e honneur, après la prise de cette ville, montre bien le découragement profond, l'affolement même de nos malheureux ennemis :

« ..... Les Vasahas (français) faisaient pleuvoir sur les gens « d'Amparihilava (village en avant de Marovoay) des obus et « de la mitraille et il est impossible de fixer le nombre des « morts ! Les cadavres étaient amoncelés et la mitraille faisait « toujours des ravages pendant que nous évacuions le village... « Quant au nombre des personnes qui ont été englouties dans « la rivière en s'enfuyant, on ne peut l'évaluer. D'un côté, l'eau « faisait des victimes tandis que la mitraille, pleuvait, comme « le riz que l'on sème, sur ceux qui étaient dans la rivière, « leur seule voie de retraite, car nous étions enveloppés de « toutes parts ; seuls, ceux qui avaient un bon destin ont pu « échapper à la mort..... Quant à mes objets personnels, mon « domestique a tout jeté ; tentes, matelas, marmites, assiettes, « verres sont au fond de l'eau ou à la dérive ; il a prétexté « qu'il avait peur des obus ! (Avouons que ce pauvre diable « de domestique n'avait pas tout à fait tort.)..... C'est grâce à « la protection de Dieu que je ne suis pas resté dans la rivière « où trois soldats s'étaient cramponnés à moi. J'ai perdu mon « fusil qui n'a pu être retrouvé ; il a sans doute suivi les « canons qui étaient tombés à l'eau..... »

Les prisonniers se plaignaient amèrement d'avoir été trompés par leurs chefs à Tananarive : On nous assurait, disaient ils, que les Vasahas (français) n'étaient pas mieux armés que nous et ils ont des fusils qui nous tuent à travers les arbres derrière lesquels nous nous abritons, des canons qui nous mitraillent à des distances où les nôtres ne peuvent atteindre et qui font sauter nos retranchements les plus solides et enfin des jambes plus alertes que les nôtres ! Ils auraient pu ajouter sans crainte de se tromper : et beaucoup plus de courage.

En regard du récit que nous venons de faire du désarroi de l'armée hova et des lamentables faiblesses de ses chefs et de ses soldats il est intéressant de citer l'ordre général suivant que le commandant en chef de l'expédition adressa aux troupes à la suite des combats de Tsarasoatra :

« Le général commandant en chef cite à l'ordre du corps

« expéditionnaire, pour leur belle conduite dans les combats « des 29 et 30 juin autour de Tsarasoatra :

« *Service d'Etat-Major*. — M. le capitaine Aubé, du « service des renseignements, pour avoir sollicité le com- « mandement de la principale contre-attaque, l'avoir dirigée « avec la plus grande énergie et avoir réussi à conserver, « jusqu'à l'arrivée des renforts, un point très important pour « la défense (combat du 29 juin).

« *Régiment d'Algérie*. — MM. le commandant Lentonnet « pour l'intelligente énergie avec laquelle il a défendu le « poste confié à son commandement (combat du 29 juin) ; le « lieutenant Grass, pour être arrivé des premiers sur la crête « derrière laquelle se trouvait le second camp hova, s'être jeté « avec quelques hommes sur un groupe ennemi qu'un chef « ramenait au combat et avoir tué ce chef d'un coup de « revolver (combat du 30 juin) ; le sous-lieutenant Kacy, « pour avoir conduit une des contre-attaques et avoir fait « subir à l'ennemi des pertes importantes en tués, blessés et « prisonniers (combat du 29 juin) ; les sergents Chéreau, « Moktar-ben-Daïf et Brochet ; les caporaux Redersdorf et « Mohamed-M'-Ahmed, pour avoir, des premiers, escaladé « une crête rocheuse défendue par un ennemi très supérieur « en nombre, l'avoir chargé à la baïonnette et l'avoir coupé « de son camp ; le caporal Camisard pour, étant blessé à « l'attaque d'une crête défendue par un ennemi supérieur en « nombre, avoir poussé son escouade en avant, sans se « préoccuper de rester seul (combat du 30 juin).

« *40e bataillon de chasseurs*. — M. le capitaine Delanney, « pour avoir poussé la chaîne qu'il commandait jusqu'à deux « cents mètres de l'ennemi, sans riposter et, après quelques « feux bien dirigés, l'avoir résolument chargé à la baïonnette « (combat du 30 juin).

« *10e escadron de chasseurs d'Afrique*. — M. le lieute- « nant Corbumel, pour avoir défendu avec ses hommes à « pied une des faces du camp et avoir par son sang-froid « arrêté l'ennemi qui le prenait d'écharpe (combat du 29 juin), « le maréchal des logis Millet, le brigadier Clavère, pour « avoir très vigoureusement secondé leur officier de peloton

« qui défendait avec ses hommes à pied une des faces du « camp (combat du 29 juin).

« *16e batterie.* — M. le capitaine Chamblay, pour avoir, « après une longue marche de jour et de nuit, amené sa bat- « terie au combat, en triomphant de tous les obstacles du « terrain et avoir réussi à éteindre par son feu celui de l'en- « nemi (combat du 30 juin); le maréchal des logis Lesage, « pour avoir montré une grande énergie dans la conduite de « sa pièce et le réglage du feu, donnant à tous le meilleur « exemple de sang-froid et de bravoure (combat du 30 juin). »

La colonne expéditionnaire devait poursuivre sa marche en avant dès les premiers jours du mois de juillet mais ne put la commencer effectivement qu'à la fin de ce même mois. Ce retard, inhérent à toutes les expéditions dans des pays lointains et peu connus où le hasard joue un rôle important, malgré toute la science et la prudence des chefs, fut dû exclusivement aux difficultés que l'État-Major et l'Intendance rencontrèrent pour ravitailler les troupes d'avant-garde et accumuler les approvisionnements nécessaires. Le niveau des eaux dans les rivières ayant sensiblement baissé il devenait impossible de s'approvisionner entièrement par la voie fluviale. Il fallut avoir recours aux bêtes de somme et aux porteurs qui ne vinrent pas en nombre suffisant, malgré toutes les belles promesses des chefs sakalaves.

Quant aux voitures Lefèbvre elles ne furent pas aussi utiles qu'on le pensait. Comme on allait entrer dans la région presque déserte qui sépare Suberbieville du plateau fertile de l'Imerina il était indispensable de rassembler les vivres et les munitions en grande quantité pour éviter tout mécompte. Il fallait aussi des routes, construire des ponts, pour le passage de la grosse artillerie et des voitures d'ambulance. C'est ici que le concours du Génie fut des plus précieux. Nos sapeurs montrèrent dans l'accomplissement de leur tâche, toujours pénible, une endurance et une énergie incomparables et leurs officiers prouvèrent encore une fois qu'ils sont à la hauteur des missions les plus difficiles; parmi ceux-ci se trouvaient le colonel Marmier et le capitaine Ferrand.

Sans parler des ponceaux construits un peu partout le long

de la route, l'établissement des trois grands ponts de Marovoay, d'Ambato et du confluent de l'Ikopa avec la Betsiboka constitue une œuvre absolument remarquable. Le pont de bois de Marovoay, d'une solidité à toute épreuve formé de chevalets et de pieux dans sa partie médiane a 68 mètres de longueur. Le pont d'Ambato établi sur la rivière du Camoro a 120 mètres de longueur ; détruit une première fois par les eaux il fut refait complètement de façon à résister longtemps au courant et aux plus lourdes charges. Quant au pont de 367 mètres de longueur construit un peu au dessus du confluent des deux grandes rivières de l'Ikopa et de la Betsiboka on peut le considérer comme un véritable chef-d'œuvre. On essaya des chevalets mais le fond du fleuve formé d'un sable très fluide ne permit pas d'employer ce système. Un soldat employé à cette construction étonnante disait : lorsque nous revenions à l'ouvrage, après avoir mangé la soupe, les chevalets déjà plantés avaient disparu. Le sable les avait avalés ! Il fallut recourir aux pieux enfoncés profondément et nos soldats furent obligés de passer des jours entiers dans l'eau jusqu'aux aisselles entourés de caïmans avec la perspective des fièvres et des rhumatismes. Aussi le Génie fut-il très éprouvé.

On ne saurait trop louer le colonel Marmier chargé de la direction de ce service.

Nos artilleurs eurent, eux aussi, à supporter des fatigues inouïes. Tout le monde sait que l'artillerie française est depuis longtemps au-dessus de toute comparaison, mais à Madagascar elle se surpassa. Les hommes des deux batteries de 80 de montagne réussirent à traverser les marais, les rivières, les montagnes sans perdre un seul homme ni une seule pièce, alors qu'ils étaient obligés parfois de retirer leurs mulets de la vase, où ils étaient embourbés jusqu'au ventre et de traîner leurs canons par des sentiers de chèvres, au bord d'effrayants précipices.

Le 9 août, la brigade du général Voyron arriva en vue de Soavinandriana, village situé à 15 kilomètres environ au Nord-Est d'Andriba. Les troupes hovas se retiraient successivement devant nous sans combattre. Nous n'étions plus qu'à 180 ou 200 kilomètres de Tananarive.

Les prévisions de M. Wolf, ce correspondant du « *Tageblatt* » de Berlin, dont nous avons déjà parlé, qui annonçait la concentration à Ampasiria de 3 000 hovas ne se réalisèrent pas. L'ennemi, tourné, ne chercha pas à nous disputer ce dangereux passage et se replia en toute hâte dans la direction de Matatsy. Après le brillant combat de Beritza notre avant-garde s'était avancée jusqu'au pied du mont Andohambato près d'Antsiantabositra où elle trouva la vallée basse de Marokolohy. L'ascension du mont Ambohimenakely se fit par les sources de Marokolohy et le col de Soavinandriana.

Nos soldats campaient alors sur des plateaux de 600 mètres d'altitude en moyenne et se trouvaient loin des vallées basses de l'Ikopa où règnent les fièvres paludéennes.

Nous avons parlé du rôle important du génie et de l'artillerie pendant cette campagne mémorable, qu'il nous soit permis de dire quelques mots sur la « *Légion* » improprement appelée « *étrangère* » puisqu'elle est composée en grande partie de Français « *des fortes têtes* » et d'Alsaciens Lorrains, désireux d'échapper au joug allemand. Elle fut tout simplement admirable la Légion, à Madagascar comme partout, d'ailleurs, où on l'envoya.

Après la prise de Mevatanana, pendant que les autres troupes d'avant garde prenaient un repos, bien gagné du reste, à Suberbieville, les hommes de la Légion construisaient en huit jours une belle route, large de près de 3 mètres et longue de 25 kilomètres, traversant un col difficile et des accidents de terrain nécessitant d'importants déblais. Cette route fut baptisée par nos ingénieurs improvisés : « *route de la Légion.* »

Chez les légionnaires pas ou très peu de malades ; au camp on rit, on chante, on blague, on fabrique des plats extraordinaires dépassant en excentricité ceux des « *Célestes*, » tels que rôtis de queues de caïmans, bouillons de boas ; on maraude bien par ci par là, mais on ne trouve pas grand'chose ; quelques poulets étiques et c'est tout !

Ces hommes de la Légion sont des auxiliaires précieux, indispensables même, dans toute expédition lointaine. Ils devront forcément être le noyau d'une armée coloniale qui s'impose si nous voulons défendre efficacement notre domaine d'outre-mer et en même temps conserver intacte notre armée métropolitaine.

Les gens qui jugent les choses superficiellement et les impatients qui, en regardant une carte de Madagascar, n'ont vu que la distance à vol d'oiseau qui sépare Majunga de Tananarive se sont étonnés de la lenteur de notre marche à partir de Suberbieville. S'ils avaient voulu réfléchir ils se seraient abstenus de formuler des critiques injustes qui n'ont eu d'autre effet que de réjouir le cœur de nos ennemis à l'affût de nos moindres mécomptes et de nos plus petits ennuis.

Le général Duchesne tenait à ce que les concentrations de vivres, de matériel et d'hommes se fissent d'une manière méthodique et sûre ; cela demande du temps !

Il n'eut jamais l'intention qu'on lui a prêtée de lancer de Suberbieville sur Tananarive une colonne légère, approvisionnée sommairement, qui aurait couru le risque de manquer de vivres au bout de quelques jours ou d'être coupée du reste de l'armée.

Les hovas, dont l'influence sur les Sakalaves se faisait encore sentir, ordonnaient le vide derrière eux et il eût été difficile à une troupe, même peu importante, de trouver dans le pays traversé les approvisionnements nécessaires.

D'autres trouvaient qu'il n'y avait pas assez de batailles ! Qu'ils s'en prennent aux hovas qui ne résistèrent pas autant qu'on l'avait supposé. Quant à nos officiers et à nos soldats ils ne demandaient qu'à marcher et à se battre. Les longs stationnements auxquels ils furent condamnés par la force des choses ne leur convenaient nullement.

C'est beaucoup à l'ennui résultant de longues journées d'inaction et de désœuvrement passées sous la tente qu'il faut attribuer les fièvres qui atteignirent un assez grand nombre d'hommes.

Les troupes d'avant-garde sans cesse en mouvement comptèrent bien moins de malades que le gros du corps expéditionnaire stationné dans les vallées basses de l'Ikopa et de la Betsiboka.

Pour tout dire, la dernière expédition de Madagascar fut surtout une campagne d'organisation et de ravitaillement.

Une dépêche adressée par le colonel Bailloud au Ministère de la Guerre et datée de Majunga, 19 août, nous apprenait que le général Duchesne venait d'atteindre les hauteurs de l'Ambohimenakely, massif granitique qui se dresse devant Andriba. Nous nous trouvions alors à environ 280 kilomètres de Majunga et à 170 de Tananarive. En ce moment le corps expéditionnaire qui comprenait 15,000 hommes de troupes et 6,000 auxiliaires comptait 2,500 malades. Ce nombre n'eût certainement pas été atteint si l'on n'avait pas été obligé d'employer les troupes aux travaux des routes faute de travailleurs indigènes. Les décès furent d'ailleurs peu nombreux.

Nous avions eu encore de nombreux obstacles à surmonter; l'ascension des plateaux entre Suberbieville et Andriba n'avait pu se faire que lentement en s'ouvrant un chemin à la hache et à la mine.

Au milieu de toutes ces difficultés, le général Duchesne, par son activité constante, son énergie, son sang-froid, soutenait le moral de ses jeunes troupes. Il s'avançait avec 5,000 hommes. Les 6 ou 7,000 autres travaillaient au ravitaillement et à la construction de la route ou occupaient les postes échelonnés jusqu'à Majunga.

Les hovas, fidèles à leur tactique, fuyaient, ravageant tout sur leur passage, emmenant les bestiaux et ne laissant derrière eux qu'un désert où nos mulets pouvaient à peine trouver quelques brins d'herbe.

C'est avec une véritable impatience que nos soldats attendaient un choc quelconque avec l'armée de Rainanjianoro, un nouveau général dont les Anglais faisaient le plus grand éloge. Le pauvre fuyard Ramasonbasaha avait été disgrâcié et condamné à être brûlé vif.

Le 21 août, le général Duchesne prit ses dispositions pour attaquer la position fortifiée d'Andriba, village construit sur un petit plateau de 100 mètres de largeur, de 500 mètres de longueur, à l'altitude de 610 mètres au-dessus du niveau de la mer. Ce morne avec ses parois presque verticales qui s'élèvent à 200 mètres au-dessus des terres environnantes est d'un accès très difficile ; l'on ne peut parvenir au sommet qu'en gravissant des pentes de 50 degrés. Le plateau est défendu par des murs en pierres sèches et des ouvrages en terre ; d'énormes rochers dominent le sentier abrupt qui y conduit ; du côté du Nord il commande toute la vallée du Kamolandy.

Le 22 août, la brigade de marine commandée par le général Voyron, après une marche des plus fatigantes, s'empara d'Andriba sans combat. L'ennemi démoralisé par les effets terribles de notre artillerie évacua en désordre les six postes armés qu'il occupait et ses nombreux camps. Les Hovas étaient au nombre de 7,000.

Nos troupes prirent sept pièces de canon et une grande quantité d'approvisionnements. Nos pertes furent insignifiantes : un tirailleur malgache tué et trois artilleurs légèrement blessés ou contusionnés.

Le général Duchesne était alors maître de l'immense plaine qui s'étend au Sud de cette importante position.

A ce moment, Tananarive regorgeait de soldats ; toutes les routes qui mènent à la capitale, dans un rayon de 50 kilomètres, étaient remplies de recrues qu'on exerçait à la hâte. Le plan des hovas était d'essayer d'envelopper notre petite armée avec des forces écrasantes et, la fièvre aidant, de l'anéantir. On prêtait d'ailleurs aux hovas les plus noirs desseins ; à l'approche des Français ils devaient rompre les digues de l'Ikopa et entourer la ville d'une nappe d'eau assez profonde pour en empêcher l'accès. On disait même qu'ils se proposaient d'en faire un véritable foyer d'infection en égorgeant plusieurs milliers d'animaux qu'ils laisseraient se décomposer dans les rues.

Ces bruits sinistres étaient répandus partout par la presse anglaise et trouvaient un certain écho à l'étranger.

D'autres correspondances nous montraient au contraire la Cour d'Emyrne en proie au plus profond découragement et la masse des hovas prête à faire sa soumission. Dans un conseil de cabinet la reine, très émue, parla en ces termes : « Que signifient toutes les mauvaises nouvelles que vous m'annoncez ; j'ai envoyé contre les Vasahas mes meilleurs généraux et des milliers de soldats, que sont-ils devenus, qu'ont-ils fait? Que faites-vous, vous autres? Voulez vous défendre mon royaume ou dois-je renoncer à l'espoir de conserver ma couronne? Allons, parlez, ne craignez rien, je veux savoir enfin toute la vérité! »

Un silence de mort suivit ces paroles véhémentes et personne ne se leva pour dire qu'on combattrait jusqu'au dernier soupir; aucun de ces ministres, de ces généraux gorgés d'or et d'honneurs ne prit la parole pour offrir à la souveraine son dévouement et sa vie. Tout le monde était consterné.

Aussitôt après la prise d'Andriba le général Duchesne s'occupa, comme toujours, de relier par une route aux postes déjà occupés la nouvelle position conquise et en outre d'organiser une colonne mobile avec des troupes solides, abondamment pourvues de vivres et appuyées par une puissante artillerie, pour la lancer en avant et tâcher d'arriver à Tananarive avant les pluies torrentielles qui commencent vers la fin d'octobre.

Parvenus à Andriba nos vaillants soldats n'étaient pas encore au bout de leurs fatigues; il leur restait à franchir une région excessivement tourmentée puisque la différence d'altitude entre cette dernière position et la capitale est de plus de 800 mètres. Mais si la nature du terrain offrait beaucoup de difficultés, le climat en revanche, malgré de brusques changements de température, devenait beaucoup plus sain.

Nos troupiers avaient d'ailleurs en abondance de la viande de bœuf, du riz, des haricots et du café, mais ils manquaient souvent d'eau potable. S'ils avaient pu avoir chacun leur filtre comme les officiers il est probable que le nombre des fiévreux eût été beaucoup moindre. On recommandait bien aux hommes de faire bouillir l'eau avant de la boire mais comment exiger de soldats harassés, mourant de soif, qu'ils allument du feu, qu'ils fassent bouillir leur eau et qu'ils attendent qu'elle soit refroidie!

Disons tout de suite qu'un soldat est exposé à des accidents inhérents à son glorieux métier et que ce n'est pas faire œuvre de patriotisme que de se lamenter journellement, comme certains publicistes l'ont fait, sur le sort de ces jeunes gens qui sont partis pour la grande île le cœur ferme et joyeux, volontairement et qui n'ont pas demandé à ce qu'on les plaigne. Ils étaient bien trop fiers de pouvoir porter au loin le drapeau de la France et de contribuer chacun pour sa petite part à l'agrandissement de la patrie !

C'est au milieu des épreuves qu'on reconnait les vrais soldats et que les peuples courageux se retrempent. Les volontaires de la première République, les grognards de Napoléon et les héroïques vaincus de 1870 en ont vu d'autres. Mais, c'était faire une injure bien gratuite à leurs descendants, à leurs fils, que de douter un instant de leur patience et de leur indomptable énergie.

Comme disait un de nos plus élégants publicistes, M. Ch. Laurent : « Nous ne sommes pas dégénérés, mais je crois, « j'ose dire qu'il y a en ce moment dans l'opinion publique « un courant de sensibilité qu'il appartient aux vrais patriotes « de modérer pour l'honneur de notre race ! »

Ah ! certes, nos troupes eurent à montrer beaucoup de dévouement et d'abnégation pendant cette expédition qui n'en rappelle aucune autre, mais elles ne se plaignirent jamais et supportèrent avec gaieté les fatigues et les privations les plus grandes.

C'est en chantant qu'elles construisirent cette immense route de 350 kilomètres dont le ruban s'allongeait chaque jour à travers les marais, les torrents, les rochers et les montagnes, allant porter la désolation chez les hovas qui ne nous croyaient pas capables d'accomplir ce travail de géant sous une chaleur torride de 35° à l'ombre, au milieu des obstacles de toutes sortes accumulés par la nature et par eux.

Le général Duchesne refusa les renforts que le gouvernement lui offrait, préférant, avec raison, à un surcroît de troupes qu'il aurait eu grand'peine à ravitailler et à préserver de la maladie une armée peu nombreuse mais résistante, acclimatée, pour accomplir le suprême effort. L'essentiel était d'aller vite.

L'Imérina où nous allions entrer est une région naturellement fortifiée où les hovas auraient pu nous opposer une résistance très sérieuse. L'immense vallée qu'enserrent les montagnes de l'Ambohimenakely est hérissée d'une infinité de mornes, de mamelons aux teintes rougeâtres qui ressemblent de loin à des vagues colossales pétrifiées depuis des siècles ; des gorges sauvages étranglées entre d'énormes murailles de granit, des torrents impétueux, des rizières s'étendant à perte de vue la sillonnent de toutes parts et lui donnent les aspects les plus changeants et les plus pittoresques. Etrange contrée, où les accidents de terrain se multiplient à l'infini où les décors varient comme dans une féerie et dont aucun de nos paysages européens ne peut donner une idée.

On s'est souvent demandé pourquoi l'Etat-major avait choisi la voie de Majunga-Suberbieville qui passe au milieu de contrées relativement pauvres et désertes de préférence à celle de Tamatave-Tanimandry-Andovoranto qui est plus courte et plus riche.

C'est qu'il espérait pouvoir faire parvenir nos troupes, sans fatigues, jusqu'à Suberbieville, c'est à-dire à 200 kilomètres de Majunga, à l'aide des chalands et des canonnières, tandis que par l'autre voie il fallait traverser un pays excessivement montagneux, presque sans rivières mais en revanche rempli de lagunes, couvert d'immenses forêts vierges, entre autres celle d'Analamazaotra qui a 60 kilomètres de large et à travers laquelle il est très difficile de se frayer un passage.

En partant de Tamatave on est obligé de faire un long coude jusqu'à Andovoranto d'où l'on gagne les plateaux de l'intérieur.

En suivant cette route, ou plutôt cette piste, on trouve à peu de distance de la côte une chaîne de montagnes granitiques de quatre cents mètres de hauteur où les hovas ont creusé des échelons primitifs mais qui n'auraient pu être utilisés ni par les voitures Lefèbvre ni même par les mulets. Ce mur fait de continuels sursauts de 300 mètres jusqu'au plateau d'Ankay qui touche à l'Imérina.

Si les voyageurs isolés préfèrent avec raison un chemin court bien qu'abrupt, parce que leurs porteurs sont seuls à en souffrir, il ne saurait en être de même pour un corps expéditionnaire.

D'un autre côté, tous les voyageurs s'accordent pour vous dire qu'une route directe en droite ligne de Tamatave à la capitale est impossible.

Peut-être choisira-t-on une troisième route sur la côte orientale; c'est celle qu'a suivie le célèbre explorateur Grandidier et qui aboutit à Mahonoro au-dessous de Vatomandry et dont il évalue la longueur à 310 kilomètres. Mais sur toute cette côte les débarquements ne peuvent guère s'effectuer qu'à l'aide de chalands.

Il y a longtemps que les Anglais avaient conseillé à Radama Ier de construire une route carrossable allant directement de sa capitale à la côte, mais ce monarque avisé s'y opposa énergiquement disant que : « le jour où une bonne route relierait Tananarive à la mer les pantalons rouges seraient les maîtres à Madagascar. »

D'un autre côté, Majunga offrait une rade saine, magnifique, unique, pouvait être facilement reliée à Mozambique et se trouvait l'un des points importants de la côte le plus rapproché de la métropole.

Dans tous les cas, en prenant la voie de Majunga-Suberbieville le corps expéditionnaire faisait tout de suite le plus gros de l'ouvrage à venir c'est-à dire la majeure partie de la grande route carrossable qui ira certainement un jour de Majunga à Tamatave en passant par la capitale. En même temps nous forçions les hovas, au cas où ils auraient voulu résister à outrance, à se réfugier loin dans le Sud, puisque nous occupions toute la ligne du Nord-Ouest au Sud-Est par les points extrêmes de Majunga et de Tamatave.

Dans une lettre arrivée à Paris le 21 septembre le général Duchesne écrivait : « Je pense partir d'Andriba avec une « colonne légère pour me porter sur Tananarive où je compte « arriver en quinze ou seize jours de marche. Dans ce but il « me faut accumuler au moins vingt jours de vivres à Andriba « et je crains que la réunion de ces approvisionnements ne « me demande un certain temps, d'autant plus que le terrain « est tellement difficile, les pentes tellement raides que les « convois ont beaucoup de peine à circuler et que mulets et « conducteurs commencent déjà à être très fatigués.

« Je ne compte toutefois pas attendre le complet achèvement « de la route pour chasser les hovas d'Andriba où ils paraissent nombreux et où ils sont fortement retranchés sous le

« commandement du prince Ramahatra, ministre de la guerre.
« Je partirai donc le 21 (août) avec trois bataillons et demi de
« la 2e brigade (général Voyron) et le bataillon de la première
« en réserve pour attaquer l'ennemi et chercher à enlever ses
« positions. Mon appréhension est qu'il se retire sans opposer
« de résistance sérieuse, tellement l'échec qu'ils ont subi à
« Beritzoka paraît avoir produit sur les officiers et soldats
« hovas un effet moral qui subsiste toujours.

« J'espère donc être à Tananarive *fin septembre, ainsi que*
« *je l'ai toujours pensé*. J'y arriverai avec quelques jours de
« vivres seulement et il me faudra alors me nourrir sur le
« pays, en raison de l'éloignement, le ravitaillement ne pou-
« vant plus m'arriver que très difficilement. Nous nous con-
« tenterons de viande fraîche et de riz. Les Malgaches vivent
« avec cela ; nous ferons comme eux.

« L'état sanitaire, toujours médiocre à l'arrière, se main-
« tient assez bon dans les troupes de l'avant, mais nous avons
« néanmoins 3,000 malades dans les hôpitaux. Comme sous
« ce climat, les hommes atteints traînent et languissent sans
« pouvoir se remettre, le seul parti à prendre est de les rapa-
« trier le plus promptement possible. C'est l'avis du Directeur
« du Service de Santé et c'est également le mien. »

Cette lettre n'offre dans notre relation qu'un intérêt rétrospectif ; nous avons cru cependant devoir la citer parce qu'elle contient des renseignements officiels qui viennent à l'appui de ce que nous avons avancé jusqu'ici tant au sujet des difficultés de la route et du ravitaillement que du nombre des malades qui, bien que malheureusement très élevé, avait été considérablement exagéré.

Cependant nous devons signaler cette remarque faite par beaucoup : que si l'on avait pu hospitaliser à la Réunion le trop-plein des fiévreux de Majunga et de Nossi Cumba, au lieu de le transporter en France, nous n'aurions peut-être pas eu à déplorer les décès nombreux qui sont survenus pendant la traversée. La Mer Rouge est une grande mangeuse d'hommes ! La chaleur y est suffocante et souvent les chauffeurs arabes qu'on est obligé de prendre pour remplacer les européens succombent eux mêmes, asphyxiés, auprès des chaudières.

M. le Myre de Vilers approuvait, lui, complètement, l'Administration de la Guerre d'avoir rapatrié les malades car, disait-il : « Si on laisse traîner les soldats atteints de la malaria « dans les hôpitaux coloniaux ou dans les sanatoria ils s'ané « mient tous les jours d'avantage, ils s'ennuient et il y a « malheureusement beaucoup de chances pour qu'ils ne « revoient plus les côtes de France. Aussi quatre-vingt-dix- « neuf fois sur cent les malades expriment-ils le désir de « rentrer au pays, dussent-ils laisser leur peau en chemin ! « La traversée de la Mer Rouge, ajoutait-il, insupportable à « la descente à l'époque des grandes chaleurs devient moins « désagréable quand on la remonte en automne à cause des « vents du Nord qui y soufflent. »

Afin de ménager toutes les susceptibilités le général Duchesne composa la colonne légère destinée à marcher rapidement sur Tananarive avec des éléments pris dans tous les corps.

Des détachements de la première brigade, de la Légion, du 40e bataillon de chasseurs et du régiment d'Algérie vinrent renforcer la 2e brigade commandée par le général Voyron. Son effectif était de 4,000 à 4.500 hommes, tous soldats vigoureux, dont la santé et le moral ne laissaient rien à désirer.

Cette colonne, qui devait marcher en trois échelons consécutifs, étaient accompagnée de 2,500 mulets, de troupeaux de bœufs et de 240 tonnes de vivres. L'artillerie comprenait 16 pièces de canon de montagne transportés à dos de mulets.

Forçant la marche du premier échelon de la colonne commandé par le général Metzinger et comprenant trois bataillons du régiment d'Algérie, un bataillon de tirailleurs sakalaves, la 16e batterie de la guerre, la 8e batterie de marine, une section de la 1re compagnie du génie et un peloton de cavalerie, le général Duchesne surprit, le matin du 15 septembre, les hovas au nombre de 8,000 fortement établis avec neuf canons et de nombreux ouvrages dans le défilé de Tsimanondry, position avancée d'Ampotaka, dans la vallée du Firingalava, à 40 kilomètres environ d'Andriba et à 25 kilomètres de Kinajy.

L'attaque se fit en trois colonnes. Celle des tirailleurs algériens et des sakalaves escalada sous le feu de l'ennemi les hauteurs et les crêtes et appuya très efficacement l'attaque centrale faite par la Légion et les tirailleurs commandés par le colonel Oudri. Les opérations commencées avant le jour furent terminées vers 2 heures de l'après-midi par la retraite complète de l'ennemi qui laissa 80 morts sur le terrain et abandonna un canon.

Le premier échelon coucha sur les positions conquises. Un sakalave et deux légionnaires furent grièvement blessés.

Les troupes hovas que nous venions de combattre appartenaient à l'armée régulière et étaient armées de sniders et de canons hotchkiss. Elles ne résistèrent guère mieux que les bandes enrôlées dans le Bouéni par le malheureux Ramasonbasaha.

Les troupes composant la colonne étaient pleines de vigueur et d'entrain. Ah! si le général Duchesne avait pu, depuis le commencement de l'expédition, occuper toute sa petite armée dans des combats constants il est certain que les hommes eussent parfaitement supporté les fatigues de la marche et les dangers du climat. L'inaction d'un côté, l'excès de travail de l'autre pour la construction de la route, ont été les principales causes, nous l'avons déjà dit, du paludisme, fièvre des marais, qui atteignit un si grand nombre d'hommes. L'on ne pouvait guère prévoir la disparition totale des Sakalaves sur lesquels nous étions en droit de compter.

La marche en avant se poursuivait énergiquement.

Le général Duchesne télégraphiait à la date du 23 septembre : « Le premier et le deuxième groupe de la colonne ont enlevé, le 19, le difficile passage des monts Ambohimena.

« Le général Metzinger a trouvé la route barrée par toutes les forces hovas avec trente pièces de canon; mais l'apparition des troupes du général Voyron, qui, parti avant le jour, avait réussi à dérober sa marche, a suffi pour déterminer une déroute complète de l'ennemi.

« Nos pertes sont nulles; nos avant-postes sont sur Antoby. L'entrain des troupes est remarquable; il y a peu d'éclopés, malgré d'excessives fatigues. »

Voilà la réponse que le général Duchesne et ses intrépides soldats envoyaient aux pessimistes de France et aux alarmistes intéressés d'Angleterre.

Le passage des monts Ambohimena si brillamment enlevé se trouve à 70 kilomètres d'Andriba et à 30 kilomètres de Tsimanondry dont le général Duchesne s'était emparé le 15 septembre.

Ce dernier succès remplit de joie la France entière ; à Paris la satisfaction fut générale ; on s'arrachait les journaux sur les boulevards et tel est notre caractère que toute appréhension avait disparu et qu'on ne faisait plus qu'admirer la marche rapide et énergique de nos vaillants troupiers.

A Tamatave, la situation n'était pas très brillante. L'inaction prolongée, la fièvre, avaient réduit considérablement le bataillon d'infanterie de marine débarqué le 10 décembre 1894. Le paquebot de la côte orientale d'Afrique, arrivé à la Réunion le 13 août, débarqua 60 malades.

Le contre-amiral Bienaimé quitta en ce moment Majunga pour Tamatave, sur le « *Primauguet* » afin d'étudier les mesures à prendre pour assurer le ravitaillement du corps expéditionnaire qui devait se faire simultanément par la voie de Majunga et par celle de Tamatave Andovoranto qui a 282 kilomètres de longueur c'est-à-dire 200 kilomètres de moins que celle de Majunga.

La petite rivière d'Antoby sur les bords de laquelle nos avant-postes prirent position le 19 septembre coule à six kilomètres environ du passage d'Ambohimena. Nos troupes avaient ainsi parcouru 40 kilomètres en deux jours à travers des obstacles de toutes sortes.

Cette marche est absolument remarquable.

Mgr Cazet, évêque de Madagascar, qui connaît le pays à fond dit : « Je ne suis pas surpris du nombre considérable de malades dont font mention les dépêches officielles. Au contraire, je suis émerveillé de la rapidité de la marche du général Duchesne et je crois que tous ceux qui se rendent un compte exact des obstacles dont la route est semée partagent ce sentiment. »

La contrée qui avoisine Tananarive et dans laquelle nous

entrions est riche et fertile dans un rayon de 40 kilomètres et en outre très salubre. Non seulement elle se suffit à elle même mais encore exporte beaucoup de ses produits à la Réunion et à Maurice. D'immenses troupeaux de bœufs et de moutons y paissent en de gras pâturages qui rappellent ceux de notre Normandie. Aux abords de la capitale la culture est faite avec un soin extrême ; les terres arrosables, que les hovas transforment en rizières, alternent avec des champs de maïs, de patates, d'arachides et de manioc ; le sol se prête d'ailleurs admirablement à la culture de toutes les céréales.

Le pays appelé Betsiléo qui confine à l'Imérina élève aussi une quantité considérable de bétail. C'est une vaste contrée extrêmement fertile, habitée par des peuplades très dociles et d'un naturel très doux.

Comme on le voit, la famine n'était pas à craindre. Disons un mot de Tananarive, la capitale. Antananarivo, en malgache, est bâtie en amphithéâtre sur les flancs d'une colline qui domine la vallée de l'Ikopa et d'où l'on peut admirer une immense succession de plateaux couverts de jardins et de villages qui se perdent à l'horizon dans l'infini du ciel bleu.

Dans la partie la plus élevée de la ville se trouvent le palais de la reine, vaste édifice avec terrasses et triple rang d'arcades ; la cathédrale de style gothique et d'assez belle apparence, le palais du premier ministre flanqué de quatre tours carrées et surmonté d'un dôme central, la demeure du résident français, le Comptoir d'escompte, l'école protestante, l'école des frères, celle des sœurs et l'imprimerie de la « *London Missionnary Society.* » Ce sont les seules constructions de la capitale des hovas dignes d'être signalées parmi les vingt mille petites maisons qui se groupent en tas plus ou moins considérables sur les flancs de la colline (1).

Les rues de Tananarive mal entretenues, tortueuses, ont des pentes excessives qui les rendent presque impraticables. Il n'y existe qu'une seule grande avenue pavée en dalles de

(1) A Tananarive la température moyenne est de 18 degrés ; le maximum observé a été en 1894 de 29 degrés (octobre), le minimum de 5° 7' (août). Le nombre des jours pluvieux est d'environ 90. La quantité d'eau tombée est d'environ un mètre ; à Majunga elle dépasse 2 mètres, un peu inférieure à celle de Tamatave.

granit ; c'est la voie sacrée dont un élargissement forme la place principale d'Andohalo où se font sacrer les souverains. Cette avenue sort de la ville par le Nord et se continue dans la campagne jusqu'à Ambohimanga (montagnes bleues) située à 30 kilomètres environ de la capitale et où nul européen n'avait le droit de pénétrer.

Les jours de marché (zoma), Tananarive présente une grande animation et les échanges y sont très actifs. En temps ordinaire, un poulet s'y vend cinquante centimes et un bœuf dix francs.

Le 23 septembre, le général Duchesne franchit avec les troupes du général Voyron les monts Ankaratra où l'ennemi n'opposa qu'un semblant de résistance car il se replia à notre approche sur le Lavohitra d'où nos reconnaissances le délogèrent ensuite facilement.

Le général Metzinger rejoignit le 24 le général Duchesne et l'ensemble de la colonne marcha sur Babay où les hovas étaient signalés en force.

Babay est un village de 60 cases situé à 35 kilomètres de Tananarive sur une hauteur d'où l'on domine une vaste étendue de plaines bornées au Nord par le massif de Lavohitra qui sépare la vallée de la Betsiboka de celle de l'Ikopa.

La santé générale et l'entrain des troupes se maintenait excellent bien qu'elles eussent parcouru, du 20 au 24, plus de 60 kilomètres. A ce moment et depuis le commencement de l'expédition, on pouvait évaluer le nombre des morts tant européens que kabyles, sénégalais et haoussas à 1,800 environ qui tous ou presque tous succombèrent aux suites de la cachexie palustre, résultat des fièvres et de la dysenterie. Le nombre des malades qui passèrent par les hôpitaux et les ambulances s'éleva à 6,000 environ ; mais beaucoup d'entre eux purent rejoindre leur corps, comme les tirailleurs algériens par exemple qui montrèrent une grande élasticité devant la maladie. Au commencement de septembre leurs compagnies étaient à l'effectif de cent quatre-vingts hommes.

A Tananarive les choses allaient fort mal. Des placards séditieux étaient collés chaque jour sur les murs réclamant la déchéance du premier ministre et ce malgré de nombreuses exécutions. Dans les campagnes les paysans dégoûtés d'un régime de corruption attendaient les français avec impatience, ne demandant qu'à être traités avec justice.

Les principaux chefs et les ministres s'amusaient à développer des plans de résistance insensés. L'un, faisant le général Duchesne, indiquait comment il tendrait une embuscade, ferait une attaque de front, de quelle manière il enfoncerait l'ennemi sur son flanc et le forcerait à la retraite par un mouvement tournant; un autre représentant un général hova expliquait les mesures à prendre pour déjouer le plan de l'ennemi; et la discussion continuait au milieu d'un brouhaha indescriptible. En attendant, ces grands pourfendeurs ne bougeaient pas et envoyaient contre nous des milliers de malheureux qui, à moitié ivres, défilaient devant la reine en jurant de se faire tuer pour elle.

Le 22 septembre la reine lança une proclamation dans laquelle elle accusait l'armée de lâcheté et déclarait qu'elle ne quitterait pas Tananarive.

La soldatesque hova ne trouva rien de mieux à faire que de démolir l'observatoire construit, il y a quatre ans par la Compagnie de Jésus, sur la colline d'Ambohidempena, à 2 kilomètres de la capitale, et de saccager le cimetière anglais. Ces actes stupides de vandalisme pouvaient faire craindre que les hovas n'incendiassent leur capitale mais ils tenaient bien trop à la vie pour se priver des vivres et du confortable dont ils jouissaient et le général Duchesne trouva à Tananarive tout ce dont ses troupes pouvaient avoir besoin.

Le 30 septembre à l'heure dite, après un brillant combat, le général Duchesne entra à Tananarive où la paix fut signée dès le lendemain soir. Le général Metzinger fut nommé gouverneur.

La dépêche annonçant la prise de la capitale hova parvenue au général Bailloud à Majunga le 10 octobre et datée d'Andriba le 9 arriva au Ministère de la Guerre à 8 h. 1/2 du matin et fut immédiatement communiquée au Président de la République qui convoqua les ministres d'urgence. Dans cette réunion le télégramme suivant fût adressée au général Duchesne :

« Au nom de la France entière, le gouvernement de la « République vous adresse ses félicitations ainsi qu'aux offi- « ciers, sous-officiers et soldats des armées de terre et de mer. « Vos admirables troupes, celles de la vaillante colonne de « Tananarive, comme celles qui gardent vos communications « après les avoir ouvertes au prix d'efforts inouïs, toutes ont « bien mérité de la patrie. La France vous remercie, général, « du service que vous venez de rendre et du grand exemple « que vous avez donné.

« Vous avez prouvé une fois de plus qu'il n'est pas d'obs- « tacle, ni de péril dont on ne vienne à bout avec de la « méthode, du courage et du sang-froid. Vous êtes nommé « grand officier de la Légion d'honneur. Envoyez sans tarder « vos propositions de récompenses, le gouvernement propo- « sera au Parlement la création d'une médaille de Madagascar « qui sera donnée à toutes vos troupes. »

Ce télégramme constitue le plus bel éloge qu'un pays puisse décerner à l'un de ses enfants. Mais aussi le général Duchesne l'avait plus que mérité car sa marche d'Andriba à Tananarive est bien l'opération la plus hardie et la plus difficile que nos troupes aient réalisée depuis vingt ans de guerres coloniales presque ininterrompues. Au milieu d'un affolement injustifié il a eu la constance de ne pas s'émouvoir un instant, de ne pas se laisser détourner une minute de sa mission et de son but par la hâte impatiente des uns ni par le découragement peut-être intéressé des autres. Il a su vouloir, oser, agir et triompher.

Comme on l'a dit, si la France s'est enorgueillie à bon droit d'un résultat qui prouve l'endurance et la valeur de son armée, ce qu'elle a accueilli avec le plus de joie c'est la signature immédiate de la paix. L'entrée de nos troupes à Tananarive où se trouvaient la reine et son gouvernement a marqué la fin des hostilités. L'œuvre militaire était terminée et le pays n'avait plus à faire les lourds sacrifices qu'elle aurait inévitablement entraîné si elle eût du se continuer encore quelque temps. Salut à cette poignée de héros qui a tenté et vaincu l'impossible ! Ainsi que l'a écrit notre éminent confrère, Ernest Judet, ils ont donné au monde entier la preuve persistante des vertus immortelles de notre race, de sa tenacité dans le péril, de son imperturbable entrain devant des difficultés d'autant plus rudes qu'elles étaient incalculables. Officiers et soldats, acculés à une impasse qui s'annonçait terrible, se sont raidis contre la masse des mauvaises chances qui les accablaient ; ils ont marché sans regarder derrière eux comme à un assaut continu, avec une furia réglée par leur résolution d'arriver ou de mourir.

Le général Metzinger, gouverneur de Tananarive, est né à Dijon le 9 novembre 1842. Engagé volontaire en 1862 dans un régiment de ligne il gagna tous ses grades à la force du poignet. C'est un soldat dans toute l'acception du mot. Ses aptitudes spéciales en matières coloniales le désignaient à la confiance du gouvernement, il l'a méritée en tous points.

Une dépêche du général Duchesne, parvenue à Paris le 13 octobre au soir, donne quelques détails sur la prise de Tananarive ; nous la reproduisons ci-dessous dans son laconisme militaire. Tout commentaire serait superflu :

« Après de vifs engagements d'avant-garde et d'arrière-
« garde livrés les 28 et 29 septembre et qui m'ont amené à
« Lilafi, j'ai attaqué, le 30 septembre, les crêtes immédiate-
« ment à l'Est de Tananarive et qui étaient fortement défen-
« dues.

« J'ai formé deux colonnes commandées : celle de l'aile
« gauche débordante par le général Metzinger, celle de droite
« formant pivot par le général Voyron.

« L'action a été très chaude, compliquée à droite par une
« attaque sur nos derrières.

« A 2 heures seulement l'Observatoire et les crêtes d'An-
« drainariva ont été pris par la première brigade pendant que
« le général Voyron occupait les crêtes Nord.

« Les batteries établies au palais et au Nord de la ville
« ayant alors ouvert le feu, j'ai prescrit de commencer un
« bombardement lent, et j'allais lancer six colonnes d'assaut

« quand des parlementaires sont venus demander la suspen-
« sion des hostilités (1).

« J'ai imposé l'occupation de la ville où 4 bataillons et une « batterie sont entrés immédiatement avec le général Met- « zinger.

« Le général Voyron garde les crêtes avec le reste des « troupes et de l'artillerie.

« Ce matin, j'ai fait mon entrée officielle à Tananarive, et « je me suis installé à la résidence générale, presque intacte.

« Les négociations pour la paix ont commencé et le traité a « été signé dès ce soir.

« Je procède au désarmement.

« Nous avons eu quatre officiers blessés, trois tirailleurs, « deux haoussas, un soldat du 200e, un légionnaire tués et « environ 50 blessés.

« Les troupes de la guerre et de la marine ont montré une « vigueur et une énergie au-dessus de tout éloge. Quatre « canons ont été pris à la baïonnette.

« La reine vient de ratifier ce soir même le traité signé par « les plénipotentiaires. »

A partir d'Ambohipiara, la marche du général Duchesne sur Tananarive ne fut qu'une suite presque ininterrompue de combats et nous ne pûmes approcher de cette capitale qu'en enlevant position par position, crête par crête. La résistance des hovas concentrés à Tananarive au nombre de 15,000, dont la moitié était armée de fusils à tir rapide, fut énergique ; aussi perdirent-ils beaucoup de monde (2). Ce n'est qu'au bout d'une heure et demie de bombardement effectif que la reine se décida à hisser le drapeau blanc sur son palais que plusieurs de nos obus avaient atteint. Le premier ministre Rainilaiari-

(1) Au sujet de l'occupation de Tananarive par nos troupes *La Pall Mall Gazette* dit que leur conduite et leur discipline ont été exemplaires. Les Français, ajoute le journal anglais, ont occupé la capitale ennemie comme s'ils rentraient dans leur caserne après une marche militaire. La France a raison d'être fière de pareils soldats.

(2) Nos obus à la mélinite produisirent des effets terrifiants et firent dans les rangs des hovas de nombreuses victimes. Rien que sur la terrasse du palais, trente-cinq d'entre eux furent tués d'un seul coup et vingt d'un second.

vony qui était l'âme de la résistance et quelques officiers supérieurs furent placés sous une garde militaire.

Les lignes de Farafate, d'où les hovas nous bravaient depuis plusieurs mois, furent traversées les 5 et 6 octobre dans une attaque de nuit admirablement conduite par le lieutenant-colonel Belin. Malgré le feu très nourri des hovas nous n'éprouvâmes aucune perte. Sommé de se rendre sans conditions par le contre-amiral Bienaimé, qui, comme on peut le voir, avait rondement mené les opérations, le gouverneur hova se décida, après 48 heures de réflexion, à livrer ses forts, ses armes et ses munitions. A Farafate, nous prîmes 1.200 fusils et 39 pièces de canon. La soumission des populations voisines de Tamatave se fit rapidement.

Ainsi se trouvait achevée l'exécution d'un plan longuement mûri qui devait, en portant un coup mortel à la domination barbare des hovas, nous assurer pour toujours la souveraineté à Madagascar.

Et maintenant il appartient au gouvernement d'organiser notre nouvelle et magnifique conquête de façon à ce qu'aucune équivoque ne puisse subsister et que tout le monde, en Europe, surtout en Angleterre, sache bien que, quel que soit le mode d'administration adopté, nous tenons à être désormais les seuls maîtres à Madagascar.

Voici le texte du traité conclu entre le général Duchesne et la reine Ranavalo.

Article premier. — Le Gouvernement de Sa Majesté la reine de Madagascar reconnaît et accepte le protectorat de la France avec toutes ses conséquences.

Art. 2. — Le Gouvernement de la République Française sera représenté auprès de Sa Majesté la reine de Madagascar par un résident général.

Art. 3. — Le Gouvernement de la République Française représentera Madagascar dans toutes les relations extérieures; le résident général sera chargé des rapports avec les agents des puissances étrangères; les questions intéressant les étrangers à Madagascar seront traitées par son entremise;

les agents diplomatiques et consulaires de la France, en pays étranger, seront chargés de la protection des sujets et des intérêts malgaches.

Art. 4. — Le Gouvernement de la République Française se réserve de maintenir à Madagascar les forces militaires nécessaires à l'exercice de son protectorat ; il prend l'engagement de prêter un constant appui à Sa Majesté la reine de Madagascar, contre tout danger qui la menacerait ou qui comprometterait la tranquillité de ses états.

Art. 5. — Le résident général contrôle l'administration de l'île. Sa Majesté la reine de Madagascar s'engage à procéder aux réformes que le Gouvernement français jugera utiles à l'exercice de son protectorat ainsi qu'au développement économique de l'île et au progrès de la civilisation.

Art. 6. — L'ensemble des dépenses des services publics à Madagascar et le service de la dette seront assurés par les revenus de l'île. Le gouvernement de Sa Majesté la reine de Madagascar s'interdit de contracter aucun emprunt sans l'autorisation du Gouvernement de la Réqublique. Le Gouvernement de la République Française n'assume aucune responsabilité à raison des engagements, legs et concessions, que le gouvernement de sa Majesté la reine de Madagascar a pu souscrire avant la signature du présent traité.

Le Gouvernement de la République Française prêtera son concours au gouvernement de Sa Majesté la reine de Madagascar pour lui faciliter la conversion de l'emprunt du 4 décembre 1886.

Art. 7 et dernier. — Il sera procédé dans le plus bref délai possible, à la délimitation des territoires de Diégo-Suarez ; la ligne de démarcation suivra, autant que le permettra la configuration du terrain, le 12e degré 45' de latitude sud.

Quelques modifications seront sans doute apportées à ce traité, notamment en ce qui concerne le droit pour nos nationaux d'acquérir des propriétés dans l'île et la suppression des tribunaux consulaires qui seraient remplacés par des tribunaux français dont seraient justiciables tous les étrangers.

GAP. — IMPRIMERIE . VOLLAIRE ET Cie, RUE CARNOT.

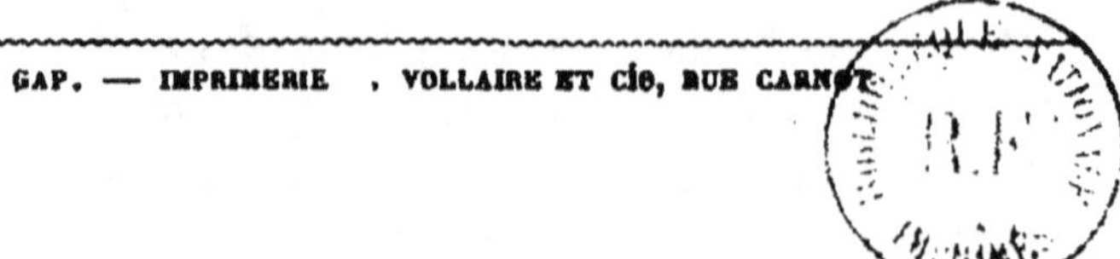